善本上品  
珍籍书香  
厚学养德  
汤一介 辛卯年

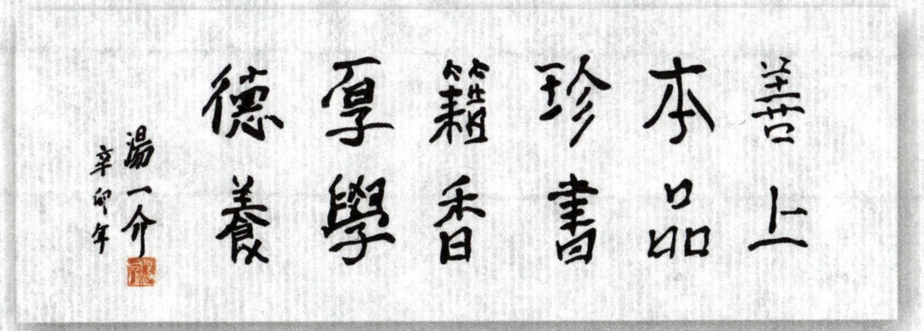

著名学者、北京大学资深教授 汤一介题

善品堂藏书

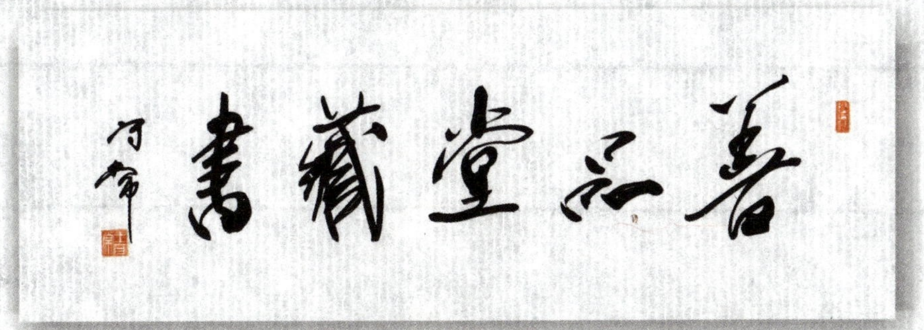

中国文化书院院长、北京大学教授 王守常题

善品堂藏书

著名作家、文化部原部长 王蒙题

善品而传天下，书宝后人起善念藏书 柳斌杰

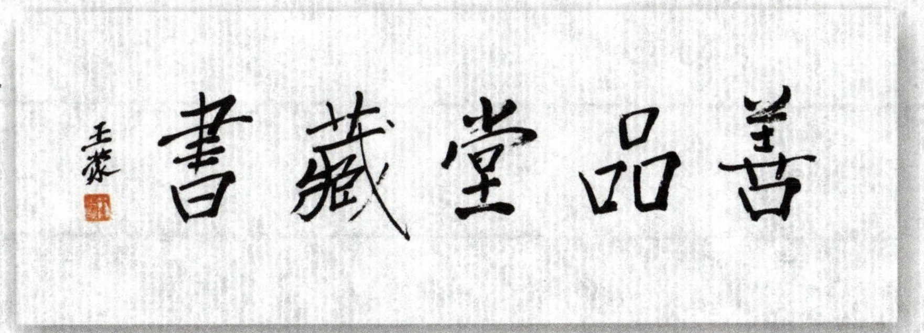

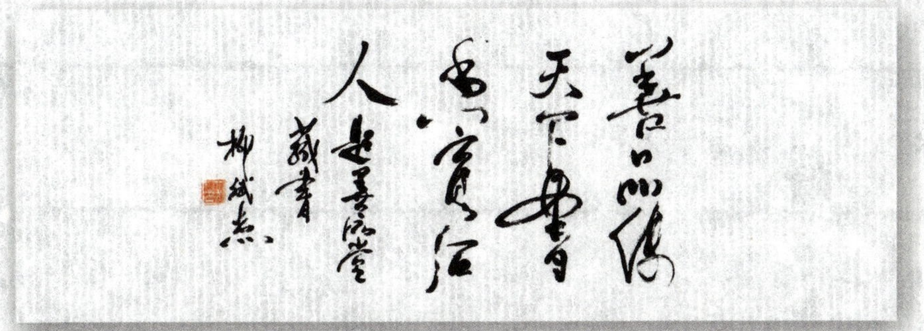

国家新闻出版总署原署长 柳斌杰题

善品堂藏書 · 熊伯齊 · 篆

图书在版编目（CIP）数据

《贞观政要》精注精译精评 /（唐）吴兢著；任俊华注译评．—北京：线装书局，2014.3

（国学精注精译精评文库 / 王守常主编）

ISBN 978-7-5120-1209-7

Ⅰ．①贞…　Ⅱ．①吴…　②任…　Ⅲ．①典章制度—中国—唐代②《贞观政要》—研究　Ⅳ．① D691.5

中国版本图书馆 CIP 数据核字 (2013) 第 321093 号

《贞观政要》精注精译精评

作　　者　（唐）吴兢

注译评者　任俊华

责任编辑　肖玉平

策　　划　善品堂藏书

出版发行　线装书局

地　　址　北京市西城区鼓楼西大街四一号

邮　　编　一〇〇〇〇九

电　　话　六四〇四五二八三

网　　址　www.xzhbc.com

印　　刷　北京市宏泰印刷有限公司

字　　数　三四七千字

印　　张　六七点七五

版　　次　二〇一四年三月第一版第一次印刷

印　　数　一〇〇〇套

定　　价　九六〇元（一函四册）

ISBN 978-7-5120-1209-7

国学精注精译精评文库

（唐）吴兢 著

任俊华 注译评

# 貞觀政要 精注精译精评

线装書局

贞观政要 精注精译精评

## 任俊华简介

任俊华教授，笔名峻骅，号千家峒瑶人、艮止斋主人，1966年生于湖南永州千家峒，瑶族，哲学博士，编审，中国人民大学应用伦理学出站博士后。现担任中央党校哲学部教授、博导、博士后合作导师。中国自然辩证法研究会易学与科学专业委员会秘书长、华夏国际易道研究院副院长、中国齐鲁文化促进会副会长、著作有《再塑民族之魂》《环境伦理的文化阐释》《中国古代官员创新之道》和《战略创新与管理之道》等。

# 《国学精注精译精评文库》总序

三十年来改革开放，经济的发展，物质财富的快速增长，使越来越多的中国人开始了小康生活。然而，建设中华民族共有的精神家园的任务越来越紧迫，一个古老的人生哲学命题又显现在人们的面前：我从哪里来？到哪里去？如何生活才能幸福？

这是一个人生观和宇宙观问题，也是中华民族在其文化历史进程中的规范认同问题。如『仁者爱人』、『天下为公』、『吾日三省吾身』、『德不孤必有邻』、『言必信，行必果』等观念都是中国人注重修养人格的价值来源。基本道德规范是支撑一个社会发展的重要基础。中华民族的一个重要传统就是重视基本道德规范与基本道德秩序，这是当今社会重构价值观念的资源。中华民族在其数千年生活中也融会其他民族智慧并向人类社会提供了有益的价值观念，如『己所不欲，勿施于人』已成为当今世界文明对话的伦理基础。

中华民族数千年来生生不息的精神追求所铸造的思维方法与价值观念是当代中国发展的资





源。历史的昭示：一个民族文化的成长，要大胆向外族文化学习的同时不要忘记本民族的历史文化。『返本开新』应该是我们的文化战略选择。

中华民族几千年璀璨的文明史，积淀了许多为历代中国人所尊崇的奇葩瑰宝。《周易》《老子》《孙子》《论语》《大学》《中庸》《孟子》《楚辞》《坛经》《颜氏家训》《阴符经》《贞观政要》《通书》《近思录》《弟子规》《三字经》《忍经》《菜根谭》《曾国藩家书》等国学经典，都从不同的高度、角度告诉我们应该如何为人、做事，『志士不饮盗泉之水』、『廉者不受嗟来之食』、『与人为善』、『与物为春』、『以人为本』、『助人为乐』、『扶贫济困』等训诫构成了中华传统美德博大精深的完备系统。这些传世文献是弘扬中华民族精神、建设中国人共有的精神家园的珍贵文献。

时下，中国社会出现『国学热』，各种讲国学常识和名家讲国学的读物不难找到。但是，审视历代留下各类注本难易参差，亦有注疏错误。尤其新近翻刻出版的国学书籍还无法满足读者的要求。注译精良、讲解恰当而适合社会各界人士学习的国学精注精译精解类书籍又少之又少。为了适应这一需要，在『善品堂藏书』创始人何德益先生的倡导下，线装书局联合『善品堂藏书』，编辑出版了此套线装本《国学精注精译精评文库》。
『国学精注精译精评文库』由我担任主编，著名学者、北京大学资深教授汤一介先生担任总顾问，中国文化书院学术总支持。首期出版中央党校教授任俊华先生评点的七种著作，还将陆续推出海内外重要学者的最新评点著作。

因此，这套书祈望质量上乘，集学术性、普及性和收藏性于一体，雅俗共赏，为助力弘扬中华传统文化贡献绵薄之力。希望该文库对有缘人能有所启迪和帮助。是为序。

**王守常**

（中国文化书院院长、北京大学教授）

二〇一四年元月

# 前言

《贞观政要》是一部非常著名的典籍，主要记述贞观年间唐太宗君臣关于治理国家问题的一些议论和思考，内容包括国家治理中内政、外交的方方面面，涉及政治、经济、军事、伦理、教育等各个方面。从思想内容上说，其中所提出的『国以民为本』、『善始善终』、勇于纳谏、忧患意识、礼乐教化等思想对社会治理都具有一定的积极意义，是研究中国政治思想史、社会思想史、经济思想史、伦理思想史和军事思想史等学科的重要史料，同时也是了解唐朝初年社会基本状况的不可或缺的历史文献。

《贞观政要》的作者，是唐代著名史学家吴兢。吴兢，汴州浚仪（今河南开封）人，根据《新唐书》和《旧唐书》本传记载，一般认为约生于公元669年，卒于公元749年，历经高宗、武后、中宗、睿宗、玄宗五朝。《旧唐书》中说他年轻时便『励志勤学，博通经史』，后经魏元忠、朱敬则举荐，担任史官。除了《贞观政要》之外，吴兢还修撰或参与修撰了《则天实录》《中宗实录》《睿宗实录》《唐史》《唐春秋》等，修改了《梁史》《齐史》《周史》《陈史》和《隋史》，是中国历史上一位崇尚简约、秉笔直书的史学家。

《贞观政要》共十卷，分为四十篇，每篇的篇名揭示了该篇的基本内容，内容大体相近的若干篇合为一卷。第一卷，有《君道》《政体》二篇。《君道》是全书的纲，论述为君之道，所以居全书之首。《政体》篇则揭示朝廷政治机构的运转程序和规范。第二卷，有《任贤》《求谏》《纳谏》三篇，说明君王对臣下应有的态度，指出君臣契合方可兴国之道。第三卷，有《君臣鉴戒》《择官》《封建》





三篇，揭示出君王与臣下各自应有的责任与义务。第四卷，有《太子诸王定分》《尊敬师傅》《教戒太子诸王》《规谏太子》四篇，从不同侧面论述皇朝王位继承人问题。第五卷，有《仁义》《忠义》《孝友》《公平》《诚信》五篇，讲的是以德治国问题，记录了唐太宗对仁义忠孝观念政治价值的高度重视。第六卷，有《俭约》《谦让》《仁恻》《慎所好》《慎言语》《杜谗邪》《悔过》《奢纵》《贪鄙》九篇，揭示统治者的个人修养对于政治的重大影响。第七卷，有《崇儒学》《文史》《礼乐》三篇，讲的是文化建设及礼乐教化问题。第八卷，有《务农》《刑法》《赦令》《贡赋》《辩兴亡》五篇，揭示治国的几条大政方针，突出了以重农为基本国策和坚持法律的严肃性的思想。第九卷，有《征伐》《安边》二篇，讲军事和外交问题，也包括如何处理朝廷与周边少数民族政权的关系问题。第十卷，有《行幸》《畋猎》《灾祥》《慎终》四篇，谈论君王的行幸活动和需要正确看待的祥瑞灾异，以及晚年问题。全书四十篇，以《慎终》结束，与开篇《君道》前后呼应，颇有深意。因为《贞观政要》成书的时间，正是唐玄宗由励精图治日渐趋于安逸奢侈之时，因而《慎终》篇无疑具有警示和鞭策的现实意义。

《贞观政要》问世后被历代皇帝当作皇家子弟的学习教科书，在历史上产生了重要影响，并传到国外，成为享誉世界的政治学和史学名著。

关于《贞观政要》的注本，目前最常见的是元代戈直的《贞观政要集论》（又称《贞观政要集注》）。该著成于元至顺年间，除采纳了唐代柳芳、后晋刘昫、宋代宋祁、孙甫、欧阳修、曾巩、司马光、孙洙、范祖禹、马存、朱黼、张九成、胡寅、唐仲友、叶适、林之奇、真德秀、陈惇修、尹起莘、程奇、吕祖谦二十二家之说之外，戈直自己也对贞观年间的史实进行了阐发和评论。这个注本备受后世学者推崇。这次，我们以戈直的《贞观政要集论》为底本（此本被文渊阁《钦定四库全书》收编，涵芬楼影印），参考了国内外各家注本，对原书的个别字句作了校改，并吸收了当今的一些研究成果。限于学识，不妥之处一定存在，敬希读者方家不吝指正。

# 目录


吴兢原序 …… 一
卷一 …… 三
君道第一 …… 三
政体第二 …… 二七
卷二 …… 五五
任贤第三 …… 五五
求谏第四 …… 八一
纳谏第五 …… 九六
直谏（附） …… 一一二
卷三 …… 一三七
君臣鉴戒第六 …… 一三七
择官第七 …… 一五六
封建第八 …… 一七七
卷四 …… 二〇二
太子诸王定分第九 …… 二〇二


貞觀政要精注精译精评




尊敬师傅第十 …… 二〇八
教戒太子诸王第十一 …… 二二二
规谏太子第十二 …… 二三六
卷五 …… 二六七
仁义第十三 …… 二六七
忠义第十四 …… 二七〇
孝友第十五 …… 二八五
公平第十六 …… 二八九
诚信第十七 …… 三一九
卷六 …… 三二九
俭约第十八 …… 三二九
谦让第十九 …… 三三八
仁恻第二十 …… 三四二
慎所好第二十一 …… 三四六
慎言语第二十二 …… 三五〇
杜谗邪第二十三 …… 三五五

悔过第二十四……三六三
奢纵第二十五……三六七
贪鄙第二十六……三七三
卷七……三八〇
崇儒学第二十七……三八〇
文史第二十八……三八七
礼乐第二十九……三九一
卷八……四一一
务农第三十……四一一
刑法第三十一……四一五
赦令第三十二……四三四
贡赋第三十三……四三八
辨兴亡第三十四……四四三
卷九……四四九
征伐第三十五……四四九
安边第三十六……四七四





卷十……四八五
行幸第三十七……四八五
畋猎第三十八……四九〇
灾祥第三十九……四九六
慎终第四十……五〇五

## 吴兢原序

有唐良相曰侍中安阳公、中书令河东公①，以时逢圣明，位居宰辅，寅亮帝道②，弼谐王政③，恐一物之乖所④，虑四维之不张⑤，每克己励精，缅怀故实⑥，未尝有乏。太宗时政化，良足可观，振古而来⑦，未之有也。至于垂世立教之美，典谟谏奏之词，可以弘阐大猷⑧，增崇至道者，爰命不才，备加甄录，体制大略，咸发成规。于是缀集所闻⑨，参详旧史⑩，撮其指要⑪，举其宏纲⑫，词兼质文，义在惩劝，人伦之纪备矣，军国之政存焉。凡一帙一十卷⑬，合四十篇，名曰《贞观政要》。庶乎有国有家者克遵前轨，择善而从，则可久之业益彰矣，可大之功尤著矣，岂必祖述尧舜，宪章文武而已哉⑭？其篇目次第列之于左⑮。

### 注释

①侍中安阳公：名源乾曜，开元年间曾任侍中，封安阳郡公；中书令河东公：名张嘉贞，开元年间拜中书令，累封河东侯。②寅亮：恭敬信奉。出自《尚书·周官》：『贰公弘化，寅亮天地，弼予一人。』③弼谐：辅佐协调。出自《尚书·皋陶谟》：『允迪厥德，谟明弼谐。』孔安国传曰：『言人君当信蹈行古人之德，谋广聪明，以辅谐其政。』孔颖达疏曰：『聪明者自是己性，又当受纳人言，使多所闻见，以博大此聪明，以辅弼和谐其政。』王政：指王道、仁政。④乖所：背离事理，违背道理。⑤四维：指礼、义、廉、耻四种治国的纲领。《管子·牧民》中说：『国有四维……何谓四维？一曰礼，二曰义，三曰廉，四曰耻。』⑥缅怀：遥想，向往。故实：有参考或借鉴意义的旧事。⑦振古：远古，极久远的古代。⑧大猷：治国大道。⑨缀集：连缀汇集，多用于著述、编辑。⑩参详：参酌详审。⑪撮：摘取，选取。指要：要旨，要义。⑫宏纲：大纲，主旨。⑬帙：古代竹帛书籍的套子，多用布帛制成。后世也指线装书之函套。⑭祖述尧舜，宪章文武：出自《礼记·中庸》：『仲尼祖述尧舜，宪章文武。』祖述、宪章：都是效法，仿效的意思。⑮左：古代书写顺序为从右到左，『左』即为本段文字的后面。

### 译文

大唐有两位贤良的宰相：一个是侍中安阳公源乾曜，一个是中书令河东公张嘉贞，他们因为时逢圣明之主，位居宰辅之位，恭敬地信奉理想中的帝王治国之道，辅佐圣上协调地推行王道，恐怕一件事情违背事理，忧虑礼义廉耻等治国的纲领得不到实行，一直严以律己、振奋精神，向往前人有借鉴意义的往事，从来不知疲倦。唐太宗时的政令教化，的确值得称道，自古以来，从来没有这样的盛世。至于垂范后世推行教化的美行，典章、谋议、进谏、陈奏的言词，是可以用来弘扬光大治国大略，增进补益至善之道的，于是命令我，详备地加以甄别记录，构建起大致的结构，全面地挖掘前人的规范和制度。于是我连缀汇集起自己的见闻，参酌详审原有的史籍，选取其中的要义，列举其中的主旨，文词兼有质朴和文雅，目的在于惩诫和劝谏，这样做人的基本规则都很完备了，整军治国的政策措施也都具有了。一函共十卷，总计四十篇，命名为《贞观政要》。希望治理国家者能够遵循前人的仪轨，选择善德善行而学习，那么可以长久的基业就更加辉煌了，可以宏大的功绩就更加显著了，难道一定仅仅要仿效尧舜等帝王，效法周文王、周武王等君主吗？本书的篇目和顺序列于后边。

### 评点

这段序言中，吴兢陈述了自己编纂《贞观政要》的原因，一是受源、张二位宰辅之托，二是赞赏贞观年间的治道，三是期望能够给当今和后世提供一些治国的经验。

## 君道第一

贞观初，太宗谓侍臣①曰：『为君之道，必须先存②百姓。若损百姓以奉其身，犹割股③以啖腹④，腹饱而身毙。若安天下，必须先正其身，未有身正而影曲，上治而下乱者。朕每思伤其身者不在外物，皆由嗜欲⑤以成其祸。若耽嗜⑥滋味⑦，玩悦声色⑧，所欲既多，所损亦大，既妨政事，又扰生民。且复出一非理之言，万姓为之解体⑨，怨讟⑩既作，离叛亦兴。朕每思此，不敢纵逸⑪。』谏议大夫⑫魏征⑬对曰：『古者圣哲之主，皆亦近取诸身，故能远体诸物。昔楚聘⑭詹何⑮，问其治国之要，詹何对以修身之术。楚王⑯又问治国何如，詹何曰：「未闻身治而国乱者。」陛下所明，实同古义。』

**注释**

①太宗谓侍臣：太宗，指唐太宗李世民（公元598—649年），祖籍陇西成纪（今甘肃境内），唐朝第二个皇帝，年号贞观。侍臣，指帝王左右的近臣。②存：《说文解字》中说：『存，恤问也。』这里指抚育，保护。③股：也有版本作『胫』。④啖腹：填饱肚子。啖，音dàn，吃。⑤嗜欲：指对感官享受的追求。⑥耽嗜：过度追求，深切爱好。⑦滋味：即美味。⑧声色：美好的声音与颜色，引申为歌舞与女色。⑨解体：比喻人心离散。⑩怨讟：怨恨诽谤。讟，音dú，《说文解字》：『讟，痛怨也』，又引申为诽谤。⑪纵逸：恣意放纵。⑫谏议大夫：官名。唐时谏议大夫主要负责侍从皇帝，讽谏得失。⑬魏征（公元580—643年）：字玄成，馆陶（今河北境内）人，隋朝末年曾参加农民起义军，后降唐，贞观年间任谏议大夫等职，以犯颜直谏著称。⑭聘：访问，探问。⑮詹何：又称『儋何』，先秦思想家，具体事迹不详。钱穆《先秦诸子系年考辨》中曾经考证说：『《说文》：「何，儋也。儋，何也。」儋何二字，盖一义两音。单呼儋者，连其余音则为儋何，今人称担荷，或称儋负。如蟾之为蟾蜍，澹之为澹宕也。《左传》儋作詹。然则詹何宜可为儋何，或呼詹子。（《庄子·让王》作瞻子。）如匡章称章子，陈仲称仲子。则老聃、太史儋，又易与詹子相混。高诱注《淮南·览冥》云：「詹何，楚人知道术者也。」则詹何为南方之道者，与老聃似。《韩非·解老》：「詹何能坐堂上知门外牛黑而白在其角。」是詹何有前识，与太史儋似。《吕氏春秋·执一篇》：「楚王问为国于詹子，詹子对曰：何闻为身，不闻为国。」又《审为篇》：「中山公子牟谓詹子曰：身在江海之上，心居乎魏阙之下，奈何？詹子曰：重生。曰：虽知之，不能自胜。詹子曰：纵之。」是与道德之意五千言似。《淮南·道应训》谓楚王问詹何治国者为庄王，此庄王不在春秋世，盖楚顷襄王又称庄王，（参读《考辨》第一三一。）故与公子牟相及。《吕览·重言篇》：「圣人听于无声，视于无形，詹何、田子方、老耽是也。」是犹以詹何与老耽为两人。其先后之序，盖自近以逮远。老聃在田子方前，非太史儋即孔子所见。而詹何在田子方后，则为与公子牟并世之人也。』又说：『《庄子》书有太公任，又有任公子。太公任即老聃，而任公子则为詹何。』⑯楚王：这里指的应是楚庄王，公元前613年至公元前591年在位，春秋五霸之一。『楚庄王问詹何』事，详见《吕氏春秋·执一》和《列子·说符》。



**译文**

贞观初年，唐太宗对身边侍从的大臣说：『作为一国之君治理国家的基本准则是，一定要首先体恤和保护老百姓。如果通过损害老百姓来供养自己，就如同割下大腿上的肉来填饱肚子一样，肚子吃饱了，结果自己也死了。

如果想使天下安定，一定要首先端正自己的行为，自身端正而影子却歪斜，上面有条理而下边却混乱，这样的事情从来没有过。我经常想，对人自身造成伤害的因素并不是来自于外界的事物，都是由于自己的享受和欲望才酿成了灾祸。如果一个人过度追求口腹的享受，过分沉溺耳目的愉悦，那么他想要满足的欲望越多，则受到的损害也会越大，这一方面会妨碍国家的治理，另一方面又会对老百姓造成侵扰。如果再加上说一些不合事理的混账话，老百姓就会因此而人心离散，怨恨诽谤便由此而生，背弃叛逆的事情也会随之出现。我每当想到这些的时候，就不敢恣意放肆了。」谏议大夫魏征回答说：『古代聪明睿智的君主，也都是首先反省自身的行为，然后才能体悟身外的各种道理。当年楚国聘问詹何，请教治理国家的要领，詹何以加强自身修养的方法作为回答。楚庄王又进一步请教如何治理国家，詹何说：「我从来没有听说过治理国家的人自身端正而他所治理的国家却混乱的事情。」陛下您明白的这个道理，和古人的思想是完全一致的。』

**评点** 《论语·为政篇》说：『为政以德，譬如北辰，居其所而众星拱之。』即用道德来治理国家，君王就会像北极星一样，得到如众星辰（老百姓）的拥护。孟子说：『君仁，莫不仁；君义，莫不义；君正，莫不正。一正君而国定矣。』意思就是说国君讲仁爱，就没有不仁爱的；国君取道义，就没有不道义的；君王正直，就没有不正直的；有一个正直的国君整个国家就会安定了。在强调德治的中国传统社会中，社会管理者自身品德的修养，一直被历朝历代的思想家和政治家所重视。







**贞观二年，太宗问魏征曰：『何谓为明君暗君？』征曰：『君之所以明者，兼听也；其所以暗者，偏信也①。《诗》云：「先民有言，询于刍荛②。」昔唐、虞之理③，辟四门，明四目，达四聪④。是以圣无不照⑤，故共、鲧⑥之徒，不能塞⑦也；靖言庸回⑧，不能惑也。秦二世⑨则隐藏其身，捐隔疏贱⑩而偏信赵高⑪，及天下溃叛，不得闻也。梁武帝⑫偏信朱异⑬，而侯景⑭举兵向阙⑮，竟不得知也。隋炀帝⑯偏信虞世基⑰，而诸贼攻城剽⑱邑，亦不得知也。是故人君兼听纳下，则贵臣不得壅蔽⑲，而下情必得上通也。』太宗甚善其言。**

**注释**

①君之所以明者，兼听也；其所以暗者，偏信也：语出东汉王符《潜夫论·明暗》，原文为：『君之所以明者，兼听也；所以闇者，偏信也。』兼听，指广泛听取各种声音；偏信，指片面相信一方观点。②先民有言，询于刍荛：出自《诗经·大雅·板》。刍荛，音chú ráo，割草打柴，这里指割草打柴的人。③唐、虞之理：唐即唐尧，虞即虞舜，都是上古时的圣君。『理』本应为『治』，为避唐高宗李治之讳，故以『理』代『治』，下同。④辟四门，明四目，达四聪：语出《尚书·舜典》。这里是广纳天下贤才，广开四方视听之意。《尚书》孔传曰：『开辟四方之门未开者，广致众贤』；『广视听于四方，使天下无壅塞』。孔颖达疏曰：『「辟」训开，开四方之门，谓开仕路，引贤人也。《论语》云：「从我于陈蔡者，皆不及门也。」门者行之所由，故以门言仕路。以尧舜之圣，求贤久矣，今更开门，是开「其未开」者，谓多设取士之科，以此广致众贤也。』『「聪」谓耳闻之也。既云「明四目」不云「聪四耳」者，目视苦其不明，耳聪贵其及远，「明」谓所见博，「达」谓听至远，二者互以相见。故传总申其意「广视听于四方，使天下无壅塞」』。⑤照：查知，明了。⑥共、鲧：『共』指共工；『鲧』是禹的父亲，二人都是尧的大臣。共工『淫

辟』，鲧治水无功，结果舜请求尧『流共工于幽陵，以变北狄』，『殛鲧于羽山，以变东夷』（《史记·五帝本纪》）。⑦塞：遮蔽视听。⑧靖言庸回：《尚书·舜典》作『静言庸违』。『靖』同『静』，『回』同『违』。靖言，指巧饰之言；庸回，指用心不良。《舜典》孔颖达疏曰：『共工险伪之人，自为谋虑之言皆合於道，及起用行事而背违之，言其语是而行非也。貌象恭敬而心傲很，其侮上陵下，若水漫天，言貌恭而心很也。行与言违，貌恭心反，乃是大佞之人，不可任用也。』⑨秦二世（公元前230—前207年）：秦始皇少子，名胡亥，在位三年为赵高所杀。他在位时严刑峻法、钳制言论、奢侈暴虐，与其父秦始皇比起来有过之而无不及，终于导致了秦王朝统治的瓦解。贾谊《过秦论》评论他说：『始皇既没，胡亥极愚，郦山未毕，复作阿房，以遂前策。云「凡所为贵有天下者，肆意极欲，大臣至欲罢先君所为」。诛斯、去疾，任用赵高。痛哉言乎！人头畜鸣。不威不伐恶，不笃不虚亡。距之不得留，残虐以促期，虽居形便之国，犹不得存。』⑩捐隔疏贱：舍弃不亲近的臣子，疏远低贱的百姓。⑪赵高（公元前259—前207年）：秦朝宦官，秦始皇死后通过伪造诏书帮秦二世胡亥夺得皇位，得到秦二世宠信，把持朝政。后迫死二世，另立子婴为帝，结果不久被子婴杀掉。⑫梁武帝（464—549年）：名萧衍，字叔达，南朝梁的开国皇帝，在位时笃信佛教，曾几次舍身入寺做和尚。549年被侯景叛军逼迫，病饿而死。⑬朱异（483—549年）：字彦和，吴郡钱唐（今浙江杭州）人。年少时不务正业，游手好闲，滋扰乡里。成年后发奋读书，立意进取，遍治《五经》，尤精《礼》、《易》，广涉文史百家，兼通杂艺，博弈书算。后经人推荐被梁武帝招用，深得恩宠四十多年，贪财受贿，欺罔视听，成为侯景叛乱，包围建康台城的理由。⑭侯景（？—552年）：字万景，朔方（今内蒙古自治区杭锦旗北）人（一说雁门人），原为东魏大将，后投靠南朝梁，不久发动叛乱达四年之久，给南朝造成了沉重打击，致使南朝的统治中心建康『千里烟绝，人迹罕见，白骨成聚，如丘陇焉』（《南史·侯景传》），『中原冠带，随晋渡江者百家，故江东有《百谱》；至是，在都者覆灭略尽』（颜之推：《观我生赋》）。552年被陈霸先、王僧辩所击败，逃亡途中被部下所杀。⑮阙：原指宫殿门前两边供瞭望的楼或高台，这里引申为皇宫。⑯隋炀帝（569—618年）：名杨广，隋朝的第二个皇帝，隋文帝杨坚次子。隋炀帝在位13年，大兴土木，穷兵黩武，激起大规模农民起义。618年4月被发动兵变的部下缢死于江都（今江苏扬州）。⑰虞世基（？—618年）：字茂世，余姚（今浙江境内）人。隋朝时任通直郎、直内史省、内史舍人等职，深受隋炀帝器重，专典机密。他因看到高颎、张衡等对隋炀帝劝谏的大臣相继遭诛戮，于是对炀帝唯唯诺诺，百般逢迎。618年与隋炀帝一起被杀。⑱剽：抢劫，攻击。⑲壅蔽：遮蔽，阻塞，多用于形容用不正当手段故意隔绝别人的视听，使人受到蒙蔽。

**译文**　贞观二年（公元628年），唐太宗问魏征：『什么样的君主是聪明之君？什么样的又是暗蔽之君？』魏征回答说：『君主之所以聪明，是由于能够广泛听取各种声音；之所以暗蔽，是由于片面相信一方观点。《诗经》中说：「先人有遗训，征询打柴人。」当初唐尧、虞舜治理国家的时候，打开四门招纳天下贤士，擦亮眼睛了解四方情况，努力让四方各种声音都能够传到自己耳中。所以他们才能圣明到天下事物无所不知的程度，因而共工和鲧这些人不能遮蔽他们的视听，花言巧语和不良的用心不能使他们迷惑。至于秦二世，则将自己深藏于宫殿之中，舍弃了外面的大臣，疏远了贫贱的百姓，偏信身边的宦官赵高，等到天下混乱，百姓离叛，他还没有得到任何消息。梁武帝偏信宠臣朱异，叛将侯景领兵围攻皇宫，他竟然还毫不知情。隋炀帝偏信大臣虞世基，各路反隋人马攻城略地，他也还被蒙在鼓里。所以一国之君如果广泛听取各种声音，勇于采纳臣民意见，那么地位显贵的大臣就无法遮蔽他的视听，而下面的情况就能够顺利地被上面所了解了。』太宗对他的回答非常赞同。

**评点** 诸葛亮《出师表》说：『亲贤臣，远小人，此先汉所以兴隆也；亲小人，远贤臣，此后汉所以倾颓也。』即亲近贤臣、疏远小人，这是西汉所以兴盛的原因；亲近小人、疏远贤臣，这是东汉所以衰败的原因。诸葛亮对蜀汉后主的这段告诫，体现了君主身边的人会对自己最终成为明君或者暗君造成重要的影响。但归根结底，与什么人交往，听取什么人的意见，还是取决于君主自身的修养。从这个角度说，魏征的这一见解同诸葛亮比起来对君主自身提出了更高的要求。

贞观十年，太宗谓侍臣曰：『帝王之业，草创①与守成②孰难？』尚书左仆射③房玄龄④对曰：『天地草昧⑤，群雄竞起，攻破乃降，战胜乃克。由此言之，草创为难。』魏征对曰：『帝王之起，必承衰乱，覆彼昏狡⑥，百姓乐推，四海归命⑦，天授人与，乃不为难。然既得之后，志趣⑧骄逸，百姓欲静而徭役⑨不休，百姓凋残⑩而侈务⑪不息，国之衰弊⑫，恒⑬由此起。以斯⑭而言，守成则难。』太宗曰：『玄龄昔从我定天下，备尝艰苦，出万死而遇一生，所以见草创之难也。魏征与我安天下，虑生骄逸之端⑮，必践危亡之地，所以见守成之难也。今草创之难既已往矣，守成之难者，当思与公等慎之。』

**注释** ①草创：创建，开始兴办。②守成：保持前人业绩。如《诗·大雅·凫鹥序》有：『《凫鹥》，守成也。太平之君子，能持盈守成，神祇祖考安乐之也。』孔颖达疏曰：『言保守成功，不使失坠也。』③尚书左仆射：隋唐时，中央首要机关分为三省，尚书省即其中之一。尚书省置左右仆射各一，掌统理六官。《通典·职官典》中说：『秦时，少府遣吏四人在殿中，主发书，谓之尚书。尚犹主也。……隋及大唐皆有，其制略同，凡尚书省事无不总。』『仆射：秦官。汉因之，自侍中、尚书、博士、郎皆有之。古者重武官，有主射以督课。（古者重武官，以善射者掌事，故曰仆射。仆射者，仆役于射也。一云，仆，主也。）军屯吏、驺、宰、永巷宫人皆有，取其领事之号。……大唐左右二仆射因前代，本副尚书令。自尚书令废阙，二仆射则为宰相。』射，音yè。④房玄龄（579—648年）：齐州临淄人（今山东境内），唐初名相，曾任中书令、尚书左仆射等职。李世民称赞他有『筹谋帷幄，定社稷之功』。⑤天地草昧：《易·屯卦·彖传》作『天造草昧』，王弼注曰：『造物之始，始于冥昧，故曰草昧也。』指天地初开时的混沌、蒙昧的状态。这里指天下混乱。草，杂乱；昧，蒙昧。⑥昏狡：昏庸狡猾。⑦归命：归顺，投诚。⑧趣：同『趋』。⑨徭役：古代对人民进行剥削的一种方式，规定成年男子在一定时期内或特殊情况下要承担一定数量的无偿劳动。一般有力役、军役和杂役之分。⑩凋残：原指叶或花衰败、脱落，这里指老百姓疲敝、穷困。⑪侈务：过分的事务，这里指过度的徭役。⑫衰弊：衰败。⑬恒：常，往往。⑭斯：这。⑮端：征兆。

**译文** 贞观十年（公元636年），唐太宗问身边侍从的大臣：『帝王的功业中，创业和守成哪个更难？』尚书左仆射房玄龄回答说：『天下混乱之际，各路豪杰竞相起兵，被攻破了的才能投降，被打败了的才能屈服。由此而言，创业更难。』魏征回答说：『帝王起兵，一定是在世道衰败混乱的时候，他去消灭那些昏庸狡诈的人，老百姓就乐意推举他，天下人都会归顺他，上天授命，百姓奉与，因此开创帝业并不难。然而，帝位已经取得了之后，思想上往往变得骄横放纵，老百姓希望生活稳定，可是徭役征发不断，老百姓疲敝困顿，而过度的事务却不得休止，国家的衰败，往往由此而起。从这个角度来说，守成更难。』唐太宗说：『房玄龄当年跟随我一起平定天下，饱尝艰难困苦，经历九死一生，因此看到了创业的艰难。魏征和我一起安定天下，担心一旦出现骄横放纵的苗头，就必定陷入危险甚至灭亡的境地，因此看到了守成的艰难。如今创业的艰难已经成为过去，守成的艰难，是我应当考虑如何与你们一起谨慎对待的。』

**评点**

范祖禹说：『自古以来创业之主失去天下的很少，守成之君失去天下的却很多。……祸患和混乱没有不是因为安逸而产生的。然而不是仅仅创业之君守成很困难，他们的后嗣守成尤其困难啊。』从本章及《教戒太子诸王》各章可见，唐太宗君臣所最为担心的也正在于此。









贞观十一年，特进[1]魏征上疏曰：

臣观自古受图[2]膺运[3]，继体守文[4]，控御英雄[5]，南面[6]临下，皆欲配厚德于天地[7]，齐高明于日月，本支百世[8]，传祚[9]无穷。然而克终[10]者鲜[11]，败亡相继，其故何哉？所以求之，失其道也。殷鉴[12]不远，可得而言。

昔在有隋[13]，统一寰宇[14]，甲兵强锐，三十余年，风行万里，威动殊俗[15]，一旦举而弃之，尽为他人之有。彼炀帝岂恶天下之治安，不欲社稷之长久，故行桀虐[16]，以就灭亡哉？恃其富强，不虞[17]后患。驱天下以从欲[18]，罄[19]万物而自奉，采域中之子女，求远方之奇异。宫苑是饰，台榭是崇，徭役无时，干戈不戢[20]。外示严重[21]，内多险忌[22]，谗邪者必受其福，忠正者莫保其生。上下相蒙，君臣道隔，民不堪命[23]，率土[24]分崩。遂以四海之尊，殒[25]于匹夫[26]之手，子孙殄绝[27]，为天下笑，可不痛哉！

圣哲乘机[28]，拯其危溺[29]，八柱[30]倾而复正，四维[31]弛而更张。远肃[32]迩安，不逾于期月[33]；胜残去杀[34]，无待于百年。今宫观台榭，尽居之矣；奇珍异物，尽收之矣；姬姜淑媛[35]，尽侍于侧矣；四海九州，尽为臣妾[36]矣。若能鉴彼之所以失，念我之所以得，日慎一日，虽休勿休[37]，焚鹿台[38]之宝衣[39]，毁阿房[40]之广殿，惧危亡于峻宇[41]，思安处于卑宫[42]，则神化潜通[43]，无为而治[44]，德之上也。若成功[45]不毁，即仍其旧，除其不急，损之又损[46]，杂茅茨于桂栋[47]，参玉砌以土阶[48]，悦以使人，不竭其力，常念居之者逸，作之者劳，亿兆[49]悦以子来，群生仰而遂性[50]，德之次也。若惟圣罔念[51]，不慎厥[52]终，忘缔构[53]之艰难，谓天命之可恃，忽采椽[54]之恭俭，追雕墙[55]之靡丽[56]，因其基以广之，增其旧而饰之，触类而长[57]，不知止足，人不见德，而劳役是闻，斯为下矣。譬之负薪救火[58]，扬汤止沸[59]，以暴易乱，与乱同道，莫可测[60]也，后嗣何观！夫事无可观则人怨，人怨则神怒，神怒则灾害必生，灾害既生，则祸乱必作，祸乱既作，而能以身名全者鲜矣。顺天革命[61]之后，

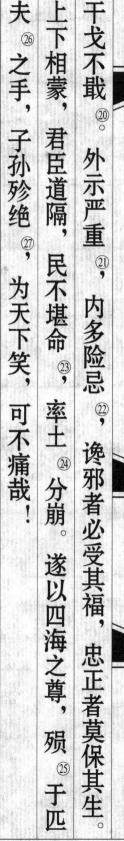

将隆七百[62]之祚，贻[63]厥子孙，传之万叶[64]，难得易失，可不念哉！

是月，征又上疏曰：

臣闻求木之长者，必固其根本；欲流之远者，必浚[65]其泉源；思国之安者，必积其德义。源不深而望流之远，根不固而求木之长，德不厚而思国之理，臣虽下愚[66]，知其不可，而况于明哲乎！人君当神器[67]之重，居域中[68]之大，将崇极天之峻[69]，永保无疆之休[70]。不念居安思危，戒奢以俭，德不处其厚，情不胜其欲，斯亦伐根以求木茂，塞源而欲流长者也。

凡百元首[71]，承天景命[72]，莫不殷忧[73]而道著，功成而德衰。有善始者实繁，能克终者盖寡，岂取之易而守之难乎？昔取之而有余，今守之而不足，何也？夫在殷忧，必竭诚以待下；既得志，则纵情以傲物[74]。竭诚则胡越[75]为一体，傲物则骨肉为行路[76]。虽董[77]之以严刑，震之以威怒，终苟免而不怀仁，貌恭而不心服。怨不在大，可畏惟人，载舟覆舟[78]，所宜深慎，奔车朽索[79]，其可忽乎！

君人者，诚能见可欲则思知足以自戒，将有作则思知止以安人，念高危则思谦冲[80]而自牧[81]，惧满溢则思江海下百川，乐盘游[82]则思三驱[83]以为度，忧懈怠则思慎始而敬终[84]，虑壅蔽则思虚心以纳下，想谗邪则思正身以黜[85]







恶，恩所加则思无因喜以谬赏，罚所及则思无因怒而滥刑。总此十思，弘兹九德[86]，简能[87]而任之，择善而从之，则智者尽其谋，勇者竭其力，仁者播[88]其惠，信者效其忠。文武争驰[89]，君臣无事，可以尽豫游[90]之乐，可以养松、乔之寿[91]，鸣琴垂拱[92]，不言而化。何必劳神苦思，代下司职，役聪明之耳目，亏无为之大道哉！

太宗手诏答曰：

省频抗表[93]，诚极忠款[94]，言穷切至[95]。披览忘倦，每达宵分[96]。非公体国情深，启沃[97]义重，岂能示以良图，匡其不及！朕闻晋武帝[98]自平吴已后，务在骄奢，不复留心治政。何曾[99]退朝谓其子劭曰：『吾每见主上不论经国远图，但说平生常语，此非贻厥子孙者，尔身犹可以免，』指诸孙曰：『此等必遇乱死。』及孙绥，果为淫刑[100]所戮。前史美之，以为明于先见。朕意不然，谓曾之不忠，其罪大矣。夫为人臣，当进思尽忠，退思补过，将顺其美，匡救其恶[101]，所以共为治也。曾位极台司[102]，名器[103]崇重，当直辞正谏[104]，论道佐时[105]。今乃退有后言，进无廷诤[106]，以为明智，不亦谬乎！危而不持，焉用彼相？公之所陈，朕闻过矣。当置之几案，事等弦、韦[107]。必望收彼桑榆[108]，期之岁暮[109]，不使康哉良哉[110]，独美于往日，若鱼若水⑪，遂爽⑫于当今。迟复嘉谋⑬，犯而无隐⑭。朕将虚襟静志⑮，敬伫德音⑯。

**注释**

①特进：官名。始设于西汉末年，授予列侯中有特殊功德或地位的人，位在三公之下。东汉至南北朝仅为加官，无实职。隋唐以后为散官，相当于正二品。②受图：『图』指河图。《尚书·顾命》孔安国传说：『伏牺王天下，龙马出河，遂则其文以画八卦，谓之「河图」。』《易·系辞上》中也有：『河出图，洛出书，圣人则之。』古代认为出现『河图』是帝王受命之祥瑞，因此称帝王受命登位为『受图』。③膺运：指承受天命为帝王。④继体守文：帝王承续皇位，遵循先王法度。《公羊传·文公九年》中有：『继文王之体，守文王之法度。』《史记·外戚世家》中『继体守文之君』与『受命帝王』相对而言，司马贞索引说：『继体谓非创业之主，而是嫡子继先帝之正体而立者也。守文犹守法也，谓非受命创制之君，但守先帝法度为之主耳。』⑤控御英雄：控御，本义指驭马时控制马匹使其就范，引申为控制、驾驭。英雄，此据成化元年内府刊本，有的版本作『英杰』。⑥南面：古代以坐北朝南为尊位，所以地位尊贵的人如帝王、诸侯接见下属时，都面向南而坐，因而常以『南面』指身居尊位。这里指身居帝位。《易·说卦传》有：『圣人南面而听天下，向明而治。』⑦配厚德于天地：指以高尚的道德同天地相匹配。⑧本支百世：指子孙百代，昌盛不衰。语出《诗经·大雅·文王》：『文王孙子，本支百世。』毛传曰：『本，本宗也；支，支子也。』郑玄笺曰：『其子孙适为天子，庶为诸侯，皆百世。』『本支』一作『本枝』，此据成化元年内府刊本。⑨传祚：指帝位相传。祚，福运，禄位，这里指帝位。⑩克终：指善终。⑪鲜：音 xiǎn，很少。⑫殷鉴：指可以作为借鉴的往事。《诗经·大雅·荡》有：『殷鉴不远，在夏后之世。』意思是殷商的子孙应以夏的灭亡作为鉴戒。⑬有隋：即隋朝。有，副词，作为词缀附于动词、名词、形容词前，无实际意义。⑭寰宇：即天下。⑮殊俗：风俗不同的地方，指异域，外族。⑯桀虐：凶残暴虐。桀，凶悍、凶暴。元代戈直《贞观政要集论》中以为『桀』即夏朝最后一个君主，『桀，名履癸，夏末淫暴之君，汤伐之而死。』次说过于牵强。⑰不虞：不考虑，不提防。⑱从欲：满足自己的欲望。⑲罄：用尽，消耗殆尽。《尔雅》中说：『罄，尽也。』⑳戢：原意为收藏（兵器），引申为止息战争。㉑严重：严肃稳重。㉒险忌：阴险忌刻。㉓民不堪命：人民不堪忍受，疲于奔命。语出《左传·桓公二年》：『宋殇公立，十年十一战，民不堪命。』㉔率土：『率土之滨』的省语，境域之内。『率土之滨』出自《诗经·小雅·北山》：『率土之滨，莫非王臣。』清代王引之《经义述闻·毛诗中》说：『《尔雅》曰：「率，自也。」自土之滨者，举外以包内，犹言四海之内。』㉕殒：死。㉖匹夫：古代指平民中的男子，泛指平民百姓。汉代班固《白虎通·爵》中解释说：『庶人称匹夫者，匹，偶也，与其妻为偶，阴阳相成之义也。』㉗殄绝：灭绝。殄，绝、尽。㉘圣哲乘机：『圣哲』指过人的才智道德，引申为具有过人的道德才智的人，常特指帝王；『乘机』即利用机会，抓住机遇。㉙危溺：指危险的境地。危，高处；溺，淹没。㉚八柱：中国古代神话认为天是由立在地上的八根柱子支撑起来的，后以『八柱』引申为国家局势。㉛四维：出自《管子·牧民》：『国有四维，一维绝则倾，二维绝则危，三维绝则覆，四维绝则灭。倾可正也，危可安也，覆可起也，灭不可复错也。何谓四维？一曰礼，二曰义，三曰廉，四曰耻。』所谓『四维』，即礼、义、廉、耻四条治国的纲领，也可泛指封建道德规范。㉜肃：恭敬地揖拜。㉝期月：亦作『朞月』。一说指一整月，如孔颖达疏《礼记·中庸》『择乎中庸，而不能期月守也』曰：『假令偶有中庸，亦不能期市一月而守之。』一说指一整年，如邢昺疏《论语·子路》『苟有用我者，期月而已可也，三年有成』曰：『期月，周月也，谓周一年之十二月也。』李贤注《后汉书·左雄传》『观政於亭传，

责成於朞月』也说：『朞，匝也。谓一岁。』这里形容很短的时间。㉞胜残去杀：语出《论语·子路》：『善人为邦百年，亦可以胜残去杀矣。』意思是通过教育感化，使残暴的人不再作恶，就能使国家不再使用死刑。㉟姬姜淑媛：指有品貌的女子。姬姜：周朝时，周王室为姬姓，齐国为姜姓，二姓常通婚姻，因而『姬姜』成为贵族妇女的代称，后泛指美女。淑媛：李贤注《后汉书·列女传·曹世叔妻》『若淑媛谦顺之人，则能依义以笃好，崇恩以结援』说：『淑，善也。美女曰媛。』亦指美好的女子。㊱臣妾：古时称男奴隶曰『臣』，女奴隶曰『妾』，后泛指臣服的藩属或被役使的民众。㊲虽休勿休：出自《尚书·吕刑》，原文为『虽畏无畏，虽休无休。』孔颖达疏曰：『虽见畏勿自谓可敬畏，虽见美勿自谓有德美，教之令谦而不自恃也。』『虽休勿休』的意思是虽然受到别人的称赞也不要自以为品行很高尚了而沾沾自喜。休：赞美。㊳鹿台：殷商的末代君主纣王贮藏珠玉钱帛的地方，故址在今河南省汤阴县境内。纣王被周人打败之后，自焚于此台。㊴宝衣：贵重的衣服。李善注《文选·陆倕〈石阙铭〉》『焚其绮席，弃彼宝衣』引《六韬》曰：『纣时妇人以文绮为席，衣以绫纨者三千人。』㊵阿房：即阿房宫，秦始皇所造，故址在今陕西西安境内。项羽入据咸阳，将其焚毁。㊶峻宇：高大的屋宇。㊷卑宫：简陋的宫室。㊸神化潜通：指用精神感化老百姓，使其与己心意相通。㊹无为而治：自己无所作为而使天下得到治理。先秦时儒家和道家都推崇无为而治，但在具体主张上有所不同。儒家的无为而治是主张任用贤人，以德化民，使国家得到治理。如《论语·卫灵公》中有：『无为而治者其舜也与？夫何为哉？恭己正南面而已矣。』何晏集解曰：『言任官得其人，故无为而治。』道家的无为而治主张顺应自然，不求有所作为而使国家得到治理。如老子说『我无为而民自化，我好静而民自正，我无事而民自富，我无欲而民自朴。』（《老子》五十七章）《淮南子·说山训》中也说：『人无为则治，有为则伤；无为而治者载无也，为者不能有也；不能无为者，不能有为也。』㊺成功：既成之功，指已经完成的东西。㊻损之又损：出自《老子》第四十八章：『为学日益，为道日损，损之又损，以至于无为。』指尽最大限度去除华伪，以归于纯朴无为的状态。这里引申为尽可能地节省用度，减少对百姓的征发和聚敛。㊼杂茅茨于桂栋：茅茨：茅草盖的屋顶，代指简陋的居室。桂栋：桂木作的梁栋，代指华丽的房屋。㊽参玉砌以土阶：参：相间，夹杂。玉砌：玉石砌的台阶，形容宫室华丽。土阶：土坯做的台阶，形容居室简陋。㊾亿兆：指庶民百姓。㊿遂性：实现生存需要。(51)惟圣罔念：出自《尚书·多方》：『惟圣罔念，作狂。』孔安国传曰：『惟圣人无念于善则为狂人。』意思是圣人如果不思为善，也会成为狂人。罔念：不思为善。(52)厥：其，他的。(53)缔构：经营开创。(54)采椽：用栎木或柞木作房屋的椽子，形容俭朴。采：栎木或柞木。《史记·秦始皇本纪》『尧舜采椽不刮』，司马贞索隐曰：『采，木名。即今之栎木也。』《汉书·艺文志》：『茅屋采椽，是以贵俭。』颜师古注曰：『采，柞木也。』(55)雕墙：饰以浮雕、彩绘的华美墙壁。(56)靡丽：精美华丽。(57)触类而长：出自《易·系辞上》：『引而伸之，触类而长之，天下之能事毕矣。』孔颖达疏曰：『谓触逢事类而增长之。』原意为掌握一类事物的知识或规律，就能够增长对同类事物的了解。这里指在一事上奢侈，就引发大规模的铺张。(58)负薪救火：出自《韩非子·有度》：『其国乱弱矣，又皆释国法而私其外，则是负薪而救火也，乱弱甚矣。』意思是抱着柴草去救火，由于使用了错误的方法，只能使灾祸扩大。(59)扬汤止沸：舀起锅里的水阻止其沸腾，比喻不能从根本上解决问题。(60)测：一作『则』。(61)顺天革命：指君主顺应天命，改朝换代。(62)七百：《左传·宣公三年》中有：『成王定鼎于郏鄏，卜世三十，卜年七百，天所命也。』后以『七百』称颂封建王朝统治运祚绵长。(63)贻：遗留，留下。(64)万叶：万世，万代。叶：世，代。(65)浚：疏通，挖深。(66)下愚：极愚蠢的人。《论语·阳货》中有：『唯上智与下愚不移。』这里作谦词。(67)神器：指玉玺、宝鼎等代表国家政权的实物，常借指帝位、政权。⑱域中：世界上，国中。《老子》中有：『域中有四大，而王处其一焉。』⑲峻：崇高。⑳休：福禄。如杜预注《左传·襄公二十八年》『以礼承天之休』时说：『休，福禄也。』㉑元首：指国君。㉒景命：即大命，特指授予帝王之位的天命。如郑玄笺《诗经·大雅·既醉》『君子万年，景命有仆』说：『天之大命。』景：高，大。㉓殷忧：深切地忧虑。㉔傲物：高傲自负，轻视他人。㉕胡越：泛指四方的少数民族。『胡』是中国古代对北方少数民族的称呼，『越』是对南方少数民族的称呼。㉖行路：相互陌生的路人。㉗董：监督。㉘载舟覆舟：出自《荀子·王制》：『传曰：「君者舟也，庶人者水也，水则载舟，水则覆舟。」此之谓也。』『载舟覆舟』意思是水可以承载起船，也可以淹没船，后人用来比喻人民是国家兴亡的决定力量。《贞观政要》中，唐太宗和魏征多次提到这个比喻。㉙奔车朽索：用腐朽的绳子来拉速度很快的车子，意为处于危险之中，应时时警惕戒惧。⑳谦冲：谦虚平和。㉛自牧：自我修养。㉜盘游：即游乐。盘：娱乐。㉝三驱：一说古代王者田猎时须让开一面，三面驱赶，以示好生之德。如《易·比》有『九五，显比，王用三驱』，孔颖达疏曰：『褚氏诸儒皆以为三面著人驱禽。必知三面者，禽唯有背己、向己、趣己，故左右及于后，皆有驱之。』一说田猎应一年以三次为度。如陆德明《释文》引马融云：『三驱者，一曰乾豆，二曰宾客，三曰君庖。』元代戈直《集注》曰：『三驱者，围合其三面，前开一路，使之可去，不忍尽物，好生之仁也。』取的是前说。㉞慎始而敬终：自始至终都谨慎，不懈怠。敬：《释名·释言语》中说：『敬，警也，恒自肃警也。』指谨慎地对待，不苟且，不懈怠。㉟黜：摒除。㊱九德：古代称贤人所具备的九种优良品格。关于『九德』的具体内容，古代典籍中说法不一。《尚书·皋陶谟》中说：『皋陶曰：「都，亦行有九德，亦言其人有德，乃言曰：载采采。」禹曰：「何？」皋陶曰：「宽而栗、柔而立、愿而恭、乱而敬、扰而毅、直而温、简而廉、刚而塞、彊而义、彰厥有常，吉哉！」』孔安国传曰：『言人性行有九德以考察，真伪则可知。』《左传·昭公二十八年》中说：『心能制义曰度，德正应和曰莫，照临四方曰明，勤施无私曰类，教诲不倦曰长，赏庆刑威曰君，慈和偏服曰顺，择善而从之曰比，经纬天地曰文。九德不愆，作事无悔。』《逸周书·常训》中则说：『九德：忠、信、敬、刚、柔、和、固、贞、顺。』㊲简能：考核才能。㊳播：传布。㊴争驰：竞相向前。㊵豫游：即游乐。豫：快乐，如郑玄注《易·豫卦》说：『豫，喜豫说乐之貌也。』㊶松、乔之寿：即长生不老。松、乔：神话传说中的仙人赤松子与王子乔。㊷鸣琴垂拱：意即无为而治。鸣琴：《吕氏春秋·察贤》中说：『宓子贱治单父，弹鸣琴，身不下堂而单父治。』后人以『鸣琴』来比喻减省刑罚，推行礼乐，无为而治。垂拱：《尚书·武成》中有：『惇信明义，崇德报功，垂拱而天下治。』孔颖达疏曰：『谓所任得人，人皆称职，手无所营，下垂其拱。』后人多以『垂拱』称颂帝王无为而治。㊸省频抗表：省察看。频：多次。抗表：给皇帝的奏章。㊹忠款：即忠诚。款：真诚，诚恳。㊺切至：切直尽理。㊻宵分：夜半。㊼启沃：出自《尚书·说命上》：『启乃心，沃朕心。』孔颖达疏曰：『当开汝心所有，以灌沃我心，欲令以彼所见，教己未知故也。』后以『启沃』谓竭诚开导启发君王。㊽晋武帝（236—290年）：名司马炎，字安世，司马昭长子，晋朝的开国君主。266年1月，司马炎逼迫魏元帝曹奂禅让，即位为帝，国号晋。280年，晋灭吴，暂时结束了黄巾之乱以来的分裂局势。㊾何曾（199—278年）：何曾，字颖考，陈国阳夏（今河南太康）人，西晋大臣。司马炎袭父爵为晋王时，何曾为曹魏丞相，在废曹立晋的过程中起了重要作用。晋朝建立后，曾官至太尉、太保兼司徒等职，权倾朝野。其子何劭（？—301年）字敬祖，晋武帝即位后，以劭为散骑常侍，累迁侍中尚书。何绥：何曾之孙，何遵之子，字伯蔚，位至侍中尚书。自以继世名贵，奢侈过度，简傲放纵，被东海王司马越所杀。⑩⓪淫刑：重刑，酷刑。⑩①进思尽忠，退思补过，将顺其美，匡救其恶：出自《孝敬·事君》：『子曰：「君子之事上也，进思尽忠，退思补过，将顺其美，匡救其恶，故上下能相亲也。」』将：行；匡：正；救：止。⑩台司：指三公等宰辅大臣。何曾西晋为位居太保兼司徒的高位。⑩名器：语出《左传·成公二年》：『唯器与名，不可以假人，君之所司也。』杜预注曰：『器，车服；名，爵号。』车服仪制和爵号，是中国古代用以区别尊卑贵贱等级的标志。⑩直辞正谏：据实陈述，直言规劝。⑩佐时：辅佐当世之君治理国家。⑩廷诤：在朝廷上直言诤谏。⑩弦、韦：《韩非子·观行》记载：『西门豹之性急，故佩韦以自缓；董安于之心缓，故佩弦以自急。』后以『弦、韦』借指用以警勉自己的事物。弦：弓弦；韦：熟牛皮。⑩收彼桑榆：语出《后汉书·冯异传》，原文为：『始虽垂翅回溪，终能奋翼黾池，可谓失之东隅，收之桑榆。』比喻初虽有失而终得补偿，引申为事犹未晚尚可补救。桑榆：本意为桑树与榆树，因日落时太阳光照桑榆树端，代指日暮、迟暮。⑩岁暮：年底，岁末。⑩康哉良哉：《尚书·益稷》记载：虞舜在位的时候，四海安定，舜『乃歌曰：「股肱喜哉，元首起哉，百工熙哉。」』他的大臣皋陶和道：『元首明哉，股肱良哉，庶事康哉！』此处以『康哉良哉』喻天下安定，君臣相得。⑪若鱼若水：《三国志·蜀志·诸葛亮传》记载：『（刘备）於是与亮情好日密。关羽、张飞等不悦，先主解之曰：「孤之有孔明，犹鱼之有水也，愿诸君勿復言。」』此处『若鱼若水』也是比喻君臣相得。⑫爽：明。《说文解字》：『爽，明也。』⑬嘉谋：高明的治国谋略。⑭犯而无隐：出自《礼记·檀弓上》：『事君有犯而无隐。』犯：犯颜直谏；隐：隐瞒过失。⑮虚襟静志：虚襟：虚心，虚怀；静志：使心神安定。⑯敬伫德音：敬伫：恭敬地等待，期盼；德音：善言，以对别人言辞的敬称。



## 译文

贞观十一年（公元637年），特进魏征上疏说：

在我看来，从古至今，无论是承受天命荣登帝位的创业之主，还是嫡子承续先王之位的继体之君，他们驾驭天下英杰，南面号令天下，都希望能够以高尚道德与天地匹配，以聪明睿圣与日月齐光，子孙百代，昌盛不衰，帝位相传，福祚永享。然而，能够真正得到善终的却是少之又少，一个接着一个失败、灭亡，这是为什么呢？探求其中的原因，就在于偏离了治国的正道。前人的教训就在眼前，可以拿来作为例证。

想当初，隋朝一统天下，兵锋强劲，三十多年间，如疾风般横扫万里，声威震动异域，然而这一切一朝失去，整个天下就都为他人所有。难道是隋炀帝他讨厌天下安定有序，不想统治长远持久，所以才做事凶残暴虐，来自寻灭亡吗？他依仗自己富足强大，做事不顾及后患。驱使天下人民为了满足自己的欲望，耗尽所有东西为了供自己享用，在全国范围征选美貌女子，到遥远的地方搜寻奇珍异宝。宫殿花园要装饰美观，亭台楼阁要建造高峻，徭役征发不分时节，征战杀伐不知止息，外表装作严肃庄重，内心充满阴险忌刻，喜欢毁谤的人和奸邪的人一定能从他那里得到好处，忠心耿耿的人和正直的人没有一个能保得住性命。上下相互欺骗，君臣相互疏离，人民不堪忍受，天下分崩离析。于是身为四海尊崇的一国之君，竟然死于普通百姓之手，甚至连子孙都被灭绝，被天下人所耻笑，这种结局难道不让人痛心吗！

聪明睿圣之君乘时而起，拯救天下和万民脱离危险、痛苦的境地，让混乱的国家局势重新走上正轨，使废弛的道德准则再次得到强化。远方前来朝拜，国内安定祥和，不用一年的时间就可实现；让坏人接受道德感化，使死刑失去用武之地，也无需等上百年的时间。如今宫殿台阁，都已经为您所居住了；奇珍异宝，都已经被您所占有了；美貌女子，都已经侍奉到您的身边了；四海之内，都已经成为您的藩属了。如果能够借鉴前人之所以灭亡的教训，思考我朝之所以隆兴的经验，一天比一天谨慎，即使听到别人的赞美也不要沾沾自喜，烧掉鹿台的绮丽服饰，毁掉阿房的宽广宫室，在高大的宫殿中常存危亡之忧虑，在低矮的房屋中保持安适的心态，这样就能够用品行感化百姓，使他们与自己心志相通；不需刻意作为，使天下得到治理，这是德治的最高境界。如果取得业绩而不对已有的东西造成毁坏，仍然保持原来的状态，免除那些不急迫的事务，对自己的欲望减之再减，让茅屋和豪宅混杂，玉雕与土坯相间，可以让老百姓感到愉悦才去驱使他们，不要耗尽他们的气力，常常感念安居者的舒适，劳作者的辛苦，这样万民就愿意投奔你而来，百姓依赖你以实现生存的需要，这是次一等的德治境界。如果身为国君而不思为善，做事不考虑后果如何，忘记了创业的艰难，认为有天命可以依赖，放弃居处陋室的勤勉节俭，追求雕梁画栋的轻浮华丽，在原有地基的基础上加以扩建，在旧有规模上不断增加和装饰，一有奢侈的念头，便生出大量铺张的举动，丝毫不知道停止和满足，人民看不到他有什么德行，只听到他发出的劳役征发的命令，这是治理国家的最下等的方式。这就如同背着柴草去救火，舀起开水来止沸一样，用残暴来代替混乱，与混乱结局无二，这种做法不能效仿啊，如果这样，后代对你还有什么可以赞美的！如果做的事情无一可以赞美，那么人民就会怨恨你；人民怨恨你，神明就会恼怒你；神明恼怒你，那么就必定会发生各种灾害；灾害一旦发生，那么就必定会引发种种祸乱；祸乱一旦兴起，君主能够保全性命、维护名声的就很少了。顺应天命改朝换代之后，就要设法使帝业福祚绵长，留给后世子孙，传至千秋万代，帝王基业取得艰难，失去容易，难道能不时时思量吗？

当月，魏征又上疏说：

我听说想要使树木长得高的人，一定要培固它的根本；想要使水流流得远的人，一定要疏通它的源头；想要使国家得到安定的人，一定要积累德行、道义。源头不深而期望水流远，本根不牢而期望树木高，道德不厚而期望国家有序，我虽然极度愚蠢，也知道这是不可能的，况且那些聪明睿智的人呢！国君担当着掌握政权这样的重任，处于四海至尊这样的高位，想要达到上天那样的崇高，永远保持长久的福祚。如果想不到在安定的环境下应当考虑到可能的危险，用节俭来抵御奢侈的念头，道德修养达不到深厚的程度，内心始终不能克制自己的欲念，这也就如同砍掉树根来让树木更茂盛，堵塞源头来使水流更长远一样。

历来那些国君，承受了上天赋予的大命，没有一个不是在忧患的状况下道义彰显，成功之后便德行衰退。开始时做的很好的人非常之多，能够坚持到最后的人又异常之少，这难道就是取得帝位容易而守住帝业困难吗？当初夺取天下的时候力量有余，如今守住天下却力量不足，这是为什么呢？这就是由于在忧患的状况下，一定会竭尽诚心来对待下属；一旦目标实现之后，就放纵情欲、傲慢待人。竭尽诚心异族也能结为一体，傲慢待人兄弟也会形同陌路。即使用严刑峻法来监督，用威严愤怒来震慑，他人最终也会仅仅企求苟且免于责罚但内心不会产生爱心，外表恭恭敬敬但并非心悦诚服。怨恨不在大小，可怕的是人心向背，水能载舟亦能覆舟的道理，是应当仔细考虑的，奔驰的马车系以腐朽的绳索，难道敢掉以轻心吗！

统治人民的国君，如果真正做到看见想要的东西就想想应当知道满足来自我提醒，将要有所兴作就想想应当知道休止来安定百姓，想到处于高而危险的位置就想想应当谦逊平和而自我修养，害怕自满放纵就想想江河能够包容百川，喜欢游玩田猎就想想狩猎应有限度，担心松懈怠慢就想想应当善始善终，忧虑耳目闭塞就想想虚心接受臣下的意见，想到谄媚奸邪就想想端正自身来黜退邪恶，将要给人恩惠的时候就想想不要因为高兴就不当封赏，想要给人责罚的时候就想想不要因为气愤就滥行惩罚。能够做到这十个『应当想想』，就能够发扬帝王的种种美德，挑选有才能的人来任用，选择有德行的人来听从，那么有智慧的人就能够充分发挥他们的谋略，有勇气的人就能够充分施展他们的力量，有仁德的人就能够广泛传播他们的恩惠，有信用的人就能够充分体现他们的忠诚。文武各种人才都竞相上进，君主和大臣都没有值得忧虑的事情，这样就可以充分体验游玩娱乐的乐趣，可以修养仙人那样的寿命，像前人『鸣琴』、『垂拱』一样达到无为而治，不要说教老百姓就得到了教化。这又何必使心神劳苦，代替下属处理各种事务，劳累本来敏锐、明亮的耳朵和眼睛，抛弃无为而治的治国根本原则呢！

太宗亲写诏书答复道：

看了你数次所上表章，从诚心的角度说极尽忠诚恳切，从言辞的角度说无比切直近理。披阅的时候忘记了疲倦，常常看到夜半时分。如果不是您关心国事的情感深厚，启发开导我的责任心强烈，怎么能告诉我这些治国的良策，纠正我的各种不足呢！我听说晋武帝自从平定吴国之后，做事一味骄纵奢侈，不再将心思放在处理政事上。大臣何曾退朝之后对儿子何劭说：『我经常看到皇帝不谈论治理国家的宏图大略，只是说些日常生活的琐碎家常，这不是将帝业留给子孙后代的做法，你还是可以免于杀身的。』然后指着各位孙子说：『这些人一定会遭逢乱世而死。』后来他的孙子何绥，果然被酷刑所杀。前人的史书中都赞扬何曾，认为他英明，能预见以后发生的事情。我不这样认为，我说何曾不忠，他的罪过很大。作为一个臣子，应当面对君主时考虑如何恪尽忠心，离开朝堂后考虑如何弥补君主之过，顺势发扬君主的美德，匡正补救君主的恶行，这样就是为了协力治理好国家。何曾身居三公这样的尊位，地位高，责任重，理应据实陈述，直言规劝，探讨治国正道，辅佐当世君主。如今他却退朝之后才发表议论，面君之时却不当廷诤谏，认为这种人高明有见识，不是很荒唐吗！国家危险的时刻不去扶持，用他们这些辅弼大臣干什么呢？您表章中所陈述的道理，使我明白了自己的过失。我将把它们放在案头，作为自己的警示。我一定会采取措施，期望以前的过失在事后得到有效的弥补，





预计到年底的时候，就不会再让『康哉良哉』之类天下安定、君臣相得的歌声，只在从前被传诵，如鱼得水这种君臣融洽的佳话，也会彰扬于当今之世。期望不久再见到你的治国良谋，能够犯颜直谏，不要有所隐瞒，我将虚心、沉静、恭敬地等待你的善言。

**评点** 魏征的『十思』，历来评价颇高，正如吕祖谦所评价：『魏征教唐太宗十思，如果唐太宗能够把这十思作为自己的行为准则，那么当时国家治理的成就，不只是一个贞观盛世，即使和尧舜时期一样伟大也是可能的。然魏征的十思，也可以与孔子的九思一起流传于万世之后了。』之所以给予魏征的谏疏如此高的评价，因为他确实抓住了帝王治国与修身的关键。

贞观十五年，太宗谓侍臣曰：『守天下难易？』侍中①魏征对曰：『甚难。』太宗曰：『任贤能，受谏诤，即可。何谓为难？』征曰：『观自古帝王，在于忧危之间，则任贤受谏。及至安乐，必怀宽怠②，言事者惟令兢惧③，日陵月替④，以至危亡。圣人所以居安思危，正为此也。安而能惧，岂不为难？』

**注释** ①侍中：古代职官名，秦时始设，唐代为门下省长官，为宰相之职。②宽怠：松懈怠惰。③兢惧：惶恐，戒慎恐惧。④日陵月替：指逐渐衰退、败落。陵：日渐衰微；替：衰落，废弛。

**译文** 贞观十五年（公元641年），唐太宗对身边侍从的大臣说：『守住天下是难还是易？』侍中魏征回答说：

『非常难。』唐太宗说：『任用贤德而有才能的人，接受直言劝谏，就可以了。认为困难从何说起呢？』魏征说：『看看自古以来的历代帝王，身处忧患、危险之中的时候，就能够任用贤德的人，接受直言规谏。等到了安定、快乐的时候，一定会心怀松懈怠惰之情，对于陈述事情的人只让他们诚惶诚恐，这样逐渐衰退、败落，最后以至于危险、败亡。圣人之所以处于平安的环境里还要想到危险的可能，正是因为这个原因。在平安的环境里还能有所畏惧，这难道还不算困难吗？』

**评点** 儒家经典《大学》指出：『自天子以至于庶人，壹是皆以修身为本。』即上自天子下至普通百姓，一律都以修养品德作为根本。百姓修身关系到身家的安危，天子修身则关系到国家的存亡。同时，天子居于容易骄傲怠惰的位置，自我约束松懈的可能性更大。因此『君道』一篇中，修身问题始终是唐太宗君臣关注的焦点。

## 政体第二

贞观初，太宗谓萧瑀①曰：『朕少好弓矢，自谓能尽其妙。近得良弓十数，以示弓工。乃曰：「皆非良材也。」朕问其故，工曰：「木心不正，则脉理皆邪，弓虽刚劲而遣箭不直，非良弓也。」朕始悟焉。朕以弧矢②定四方，用弓多矣，而犹不得其理。况朕有天下之日浅，得为理之意，固未及于弓，弓犹失之，而况于理乎？』自是诏京官五品以上，更宿③中书内省④，每召见，皆赐坐与语，询访外事，务知百姓利害、政教得失焉。







**注释** ①萧瑀（575—648年）：字时文，自幼便以孝行闻名天下，且博学多识，耿介正直。高祖李渊即位之后，即遣书招致，授光禄大夫，封宋国公，拜户部尚书，以心腹视之。唐太宗继位之后，拜为尚书左仆射。唐太宗曾经评价他说：『此人不可以厚利诱之，不可以刑戮惧之，真社稷臣也。』②弧矢：弓箭。③更宿：轮流值宿。④中书内省：为了方便处理政事和皇帝咨询，唐代在太极殿的东侧设有门下内省、宏文馆、史馆，西侧设有中书内省、舍人院，作为宰相和皇帝近臣处理公务的地方，并备皇帝随时顾问，以及随时根据皇帝的旨意撰写诏书。

**译文** 贞观初年，唐太宗对萧瑀说：『我从小喜欢弓箭，自认为能够完全了解其中的奥妙。最近我得到十多张好弓，拿去给造弓的工匠看。工匠却说：「这都不是用好材质做的。」我问他为什么这样说，工匠回答：「木料的中心不正，那么木头的纹理就会歪斜，这样的弓虽然刚劲有力，但是发出去的箭却运行不直，所以不是好弓啊。」我这才明白其中的道理。我是用弓箭平定的天下，使用的弓已经够多的了，然而仍然不明白其中的道理。何况我得到天下的时间非常短，所明白的治理国家的道理，显然还不如对弓的了解，对于弓我还有理解错误的地方，更何况治理国家呢？』从此之后下令京城五品以上的官员，都要到中书内省轮流值宿，唐太宗每次召见他们，都赐给他们座位与他们交谈，向他们询问宫廷之外各种事务，努力去了解老百姓的利益得失，政治教化的成就与不足。

**评点** 『学不可以已』，『三人行，必有我师焉。』没有人天生是全知全能的，唐太宗明白这个道理，所以才能够广开言路，虚心接受大臣们的劝谏。

贞观元年，太宗谓黄门侍郎①王珪②曰：『中书③所出诏敕，颇有意见不同，或兼错失而相正以否。元置中书、门下④，本拟相防过误。人之意见，每或不同，有所是非，本为公事。或有护己之短，忌闻其失，有是有非，衔⑤以为怨。或有苟避私隙，相惜颜面，知非政事，遂即施行。难违一官之小情，顿为万人之大弊。此实亡国之政，卿辈特须在意防也。隋日内外庶官，政以依违⑥，而致祸乱，人多不能深思此理。当时皆谓祸不及身，面从背言，不以为患。后至大乱一起，家国俱丧，虽有脱身之人，纵不遭刑戮，皆辛苦仅免，甚为时论所贬黜⑦。卿等特须灭私徇⑧公，坚守直道，庶事⑨相启沃，勿上下雷同也。』

注释

①黄门侍郎：古代职官名。秦朝始置。意思是供职于宫门之内的郎官。因为宫禁的门为黄色，所以称黄门郎或黄门侍郎。以后历代沿袭，唐初曾称东台侍郎、鸾台侍郎，玄宗天宝元年（742年）改称门下侍郎，主要执掌祭祀、赞献、奏天下祥瑞等事务。②王珪（557—639年）：字叔玠，太原祁县（今山西祁县东南）人，唐初有名的诤臣之一。③中书：即中书省。古代官署名。唐代实行『三省六部制』，中书省主要负责决策，通过门下省复核，皇帝审批之后，交尚书省具体执行。中书省的长官为中书令，下设中书侍郎、中书舍人、右散骑常侍、右谏议大夫等职官。④门下：即门下省。隋唐时与中书省同掌机要，共议国政，并负责审查诏令，签署章奏。门下省的长官称侍中，下设黄门侍郎、给事中、左散骑常侍、左谏议大夫等职官。⑤衔：记在心里。⑥依违：模棱两可。⑦贬黜：贬责。⑧徇：顺从。⑨庶事：各种事务。



译文

贞观元年（公元627年），唐太宗对黄门侍郎王珪说：『中书省所发出的命令文告，有些与你们门下省的看法有很大不同，或许你们都有一些错误不足，你们要以不同的意见来相互纠正。设置中书省和门下省两个官署的初衷，原本就是打算相互预防差错和失误。人们之间的看法，经常可能会出现不同，有所赞同有所反对，本来也是为了公事。有些人刻意掩盖自己的短处，厌恶听到别人指出自己的过失，有人对他们做出是非评判，就记在心里变成怨恨。有些人无原则地避免出现私人间的矛盾，相互之间顾及脸面，明知是不符合国家治理要求的事情，也照样立即予以发布推行。难以违背一个官吏小小的情面，马上变成万民的重大祸端。这实在是导致国家灭亡的理政方式啊，你们需要特别注意避免。隋朝时候朝廷内外的文武百官，处理政务都是用模棱两可的方式，从而导致了灾祸和混乱，人们大多不知道深思其中包含的这个道理。当时都以为灾祸没有降临到自己身上，当面顺从背后议论，不觉得这会酿成祸患。后来等到天下大乱一发生，自己的家庭和国家一起灭亡了，虽然有保存了性命之人，即使没有遭受刑罚杀戮，也是费尽辛苦才得以幸免，甚为当时的舆论所贬责。你们务必要摒除私心杂念，顺随公务要求，坚守正直之道，在各种事务上相互启发诱导，不要追求上下一个声音。』

评点

《论语·子路篇》说：『君子和而不同，小人同而不和。』即君子讲究和谐但不去苟同，小人讲究苟同但并不和谐。在国家治理中，最重要的就是要集思广益，不能够模棱两可，苟且顺从。

贞观二年，太宗问黄门侍郎王珪曰：『近代君臣治国，多劣于前古，何也？』对曰：『古之帝王为政，皆志尚清静，以百姓之心为心①。近代则唯损百姓以适其欲，所任用大臣，复非经术②之士。汉家宰相，无不精通一经，朝廷若有疑事，皆引经决定，由是人识礼教③，治致太平。近代重武轻儒，或参以法律，儒行既亏，淳风④大坏。』太宗深然⑤其言。自此百官中有学业优长，兼识政体⑥者，多进其阶品⑦，累加迁擢⑧焉。

**注释**

①以百姓之心为心：语出《老子》第四十九章：『圣人无常心，以百姓心为心。』②经术：即经学。③礼教：礼仪教化，代指儒家的教化之道。④淳风：敦厚古朴的风俗。⑤然：赞同。⑥政体：为政要领。⑦阶品：官吏的等级品位。⑧迁擢：提升官职。

**译文**

贞观二年（公元628年），唐太宗问黄门侍郎王珪说：『近世的君臣治理国家，大多不如古代，这是为什么？』王珪回答说：『古代的帝王治国施政，都是在思想上崇尚清简无为，想老百姓之所想。近世君主治国施政则一味地损害老百姓来满足自己的欲望，所任用的大臣，也不再是精通经学之士。汉朝的宰相，没有一个不精通一种经学的，朝廷上如果有犹疑难决的事情，都是引用经典来确定解决的办法，因此人人都通晓礼仪教化，国家治理成了太平之世。近世重视武力，轻视儒学，有的还杂以刑罚约束，儒家的行为准则已经毁弃，原本淳厚的风俗便极大败坏。』唐太宗对他的话深表赞同。从此之后百官之中学识上有所特长，并且懂得为政要领的，大多提高了他们的官阶品位，数次加以提拔官职。

**评点**

立国之初，承衰乱之后，民生凋敝，必须采用休养生息的治理方式，施政不可过于急躁。否则，就如同贾谊分析秦朝灭亡教训时所说，面对着长期战乱之后百姓疲敝的状况，统治者不但不『发仓廪，散财币，以振孤独穷困之士；轻赋少事，以佐百姓之急』，反而变本加厉，『赋敛无度』，『百姓困穷而主不收务』，落得『贵为天子，富有四海，身在于戮』的下场，也是情理之中的。





贞观三年，太宗谓侍臣曰：『中书、门下，机要之司，擢才而居，委任实重。诏敕如有不稳便①，皆须执论②。比来③惟觉阿④旨顺情，唯唯⑤苟过，遂无一言谏诤者，岂是道理？若惟署诏敕、行文书而已，人谁不堪？何烦简择⑥，以相委付？自今诏敕疑有不稳便，必须执言，无得妄有畏惧，知而寝默⑦。』

**注释**

①稳便：恰当，稳妥。②执论：坚持某种意见或提出异议。③比来：近来。④阿：曲从，迎合。⑤唯唯：恭敬的应答声，引申为恭顺。⑥简择：选择。⑦寝默：沉默，止而不言。

**译文**

贞观三年（公元629年），唐太宗对身边的侍从大臣说：『中书省和门下省，是国家最关键的官署，需要选拔有才干的人来充任，所托付的职责着实重大。诏书敕令如有不恰当的地方，都要求提出异议。近来我觉得这两个部门都在迎合我的旨意，顺从我的心理，唯唯诺诺，苟且通过，就没有一个直言劝谏的人，难道这是符合正道常理的吗？如果只是签署诏书敕令、传递文告书信，这样的事情哪个人干不了？还有什么必要增加选拔人才的麻烦，再把这些职责托付给他们？从今以后，诏书敕令如果怀疑有不恰当的地方，必须要坚定地提出自己的意见，不要妄怀畏惧之心，明知不妥而保持沉默。』

**评点**

如果要治理好国家，无论地位高低，每一个岗位都不但要尽力，而且要竭心。正如范祖禹所说：『朝廷设立职位分派职责，不仅仅是为了上下级之间的服从，而是为了相互弥补对方的不足。……不明智的君主，自认为自己没有过错，厌恶别人的意见，所以才国政混乱，上下之间的意见无法沟通。唐太宗下令让下属进言，即使不想使国家治理好，也是不可能的。』

贞观四年，太宗问萧瑀曰：『隋文帝①何如主也？』对曰：『克己复礼②，勤劳思政，每一坐朝③，或至日昃④，五品已上，引坐⑤论事，宿卫之士，传飧⑥而食，虽性非仁明，亦是励精⑦之主。』太宗曰：『公知其一，未知其二。此人性至察⑧而心不明。夫心暗则照有不通，至察则多疑于物。又欺孤儿寡妇以得天下，恒恐群臣内怀不服，不肯信任百司⑨，每事皆自决断，虽则劳神苦形⑩，未能尽合于理。朝臣既知其意，亦不敢直言，宰相以下，惟即承顺⑪而已。朕意则不然，以天下之广，四海之众，千端万绪，须合⑫变通，皆委百司商量，宰相筹画⑬，于事稳便，方可奏行。岂得以一日万机⑭，独断一人之虑也。且日断十事，五条不中，中者信善，其如不中者何？以日继月，乃至累年，乖谬⑮既多，不亡何待？岂如广任贤良，高居深视，法令严肃，谁敢为非？』因令诸司，若诏敕颁下有未稳便者，必须执奏⑯，不得顺旨便即施行，务尽臣下之意。

注释

①隋文帝（541—604年）：名杨坚，隋朝开国皇帝，弘农华阴（今陕西省华阴县）人。公元581年，杨坚取代北周的静帝而即位，定国号为大隋，改元开皇。隋朝建立之后，对政治、经济制度进行了一系列改革，稳固了中央集权。公元589年，隋文帝遣兵南下，灭亡了割据南方的陈朝，统一了全国。②克己复礼：指约束自己，使言行符合『礼』的要求。出自《论语·颜渊》：『颜渊问仁。子曰：「克己复礼为仁。一日克己复礼，天下归仁焉！为仁由己，而由人乎哉？」』何晏集解曰：『马曰：「克己，约身。」孔曰：「复，反也。」身能反礼，则为仁矣。』③坐朝：指君主临朝听政。④日昃：太阳偏西的时候，相当于下午两点左右。昃：音zè，太阳西斜。《说文解字》：『昃，日在西方时侧也。』⑤引坐：搬来座位。引：拿过来，拿出来。坐：同『座』。⑥传飧：传送食物。飧：音sūn，晚饭，亦可泛指熟食、饭食。⑦励精：振奋精神，指致力于事业或工作。⑧至察：过于明察。察：精明。⑨百司：百官，各职能机关。⑩形：形体，实体，这里指身体。⑪承顺：遵奉顺从。⑫须合：应当，应该。⑬筹画：谋划。⑭一日万机：一天要处理成千上万件事情，形容事情繁多，多用于国家领导人。⑮乖谬：荒谬违理。⑯执奏：持章表上奏君主。



译文

贞观四年（公元630年），唐太宗问萧瑀：『隋文帝是个什么样的君主？』萧瑀回答说：『严格自我约束以使言行符合礼制，考虑治理国家的事务勤恳辛劳，每次临朝听政，往往到太阳偏西，五品以上的官员，搬来座位讨论事务，禁卫军的将士，送来食物吃饭，他虽然天性并不仁爱聪明，但也算是一个致力于国家事务的君主。』唐太宗说：『你是只知其一不知其二。这个人性情极端精细而内心却不明晰。内心昏暗就会有仔细思考也无法发现的地方，性情精细就会对人产生过多的怀疑。他又是欺负周静帝孤儿寡母以得到的天下，经常害怕群臣对他会心怀不服，所以不肯信任百官，每当有事都要亲自决断，这样做虽然导致身体和精神都非常劳累，也不能使每一件事都合乎情理。大臣们都知道了他的心意，也不敢有话直说，宰相以下的所有官员，只是尊奉顺从他的意愿而已。我的心里却不这样想，我把广阔地域之内，四海百姓之中，千头万绪，应当随时变通的事务，都交给各相关官署去商量，由宰相来进行谋划，觉得事务已经稳妥恰当了，才可以上奏请求施行。难道能够将一天要处理的成千上万件的事情，都让一个人的思考来独自决断吗？况且一天决断十件事情，就有五条不会合理，处理得合理的当然好，那些处理得不合理的该怎么办呢？这样日积月累，乃至经年如此，荒谬违理的事情积累得越来越多，等到的不是灭亡还能有什么呢？这哪如多任用贤德的人才，高居帝位，深入观察思考，严格法律命令，这样谁还敢为非作歹？」于是命令各官署，如果诏书敕令颁布之后有不稳妥之处者，必须持表章上奏，不能顺从旨意直接施行，务必要尽好臣子的职责。

**评点**

每一个人的力量和能力总是有限的，能够识人、用人，比领导者自恃聪明、单打独斗要有效率得多，大至管理一个国家，小至管理一个企业或其他组织，都是同样的道理。

贞观五年，太宗谓侍臣曰：『治国与养病无异也。病人觉愈，弥须将护①，若有触犯，必至殒命。治国亦然，天下稍安，尤须兢慎②，若便骄逸，必至丧败。今天下安危，系之于朕，故日慎一日，虽休勿休。然耳目股肱，寄于卿辈，既义均一体。宜协力同心，事有不安，可极言③无隐。傥④君臣相疑，不能备尽肝膈⑤，实为国之大害也。』

**注释**

①弥须将护：弥：更加。将护：调养护理。②兢慎：小心谨慎。③极言：竭力陈说，直言规劝。④傥：同『倘』，如果。⑤肝膈：肺腑，内心。



**译文**

贞观五年（公元631年），唐太宗对身边侍从的大臣说：『治国和养病没有区别。病人觉着病已痊愈的时候，更加需要调养护理，如果有所触发而再次犯病，一定会丢掉性命。治国也是这样，天下刚刚安定，尤其需要小心谨慎，如果这时候就骄奢淫逸，一定会导致败亡。如今天下的安危，都担在了我的肩上，所以我一天比一天谨慎，即使听到别人的赞美也不敢沾沾自喜。而国家实际状况的了解和具体事务的处理这些如同耳目股肱一样的职责，都寄托在你们身上，从这个意义上说我们是结为一体的。所以我们应当同心协力，如果事情有不恰当的地方，你们可以竭力规劝，不要有所隐瞒。倘若君臣之间相互猜忌，不能倾吐肺腑之言，这实在是治理国家最大的弊端。』

**评点**

反对急政暴虐，提倡休养生息，尤其是在遭受战乱之后更应该如此。这不但是传统德治思想的引申，更是对历史经验教训总结的结果。

贞观六年，太宗谓侍臣曰：『看古之帝王，有兴有衰，犹朝之有暮，皆为蔽其耳目，不知时政得失，忠正者不言，邪谄者日进，既不见过，所以至于灭亡。朕既在九重①，不能尽见天下事，故布之卿等，以为朕之耳目。莫以天下无事，四海安宁，便不存意②。「可爱非君？可畏非民？」③天子者，有道则人推而为主，无道则人弃而不用，诚可畏也。』魏征对曰：『自古失国之主，皆为居安忘危，处治忘乱，所以不能长久。今陛下富有四海，内外清晏④，能留心治道，常临深履薄⑤，国家历数⑥，自然灵长⑦。臣又闻古语云：「君，舟也；人，水也。水能载舟，亦能覆舟。」⑧陛下以为可畏，诚如圣旨。』

**注释**

①九重：指宫禁，朝廷。②存意：留意，在意。③『可爱非君？可畏非民？』：出自《尚书·大禹谟》。孔安国传曰：『民以君为命，故可爱。君失道，民叛之，故可畏。』④清晏：清平安宁。⑤临深履薄：《诗经·小雅·小旻》有：『战战兢兢，如临深渊，如履薄冰。』后以『临深履薄』比喻小心谨慎，唯恐有失。履：踩，踏。⑥历数：原意为岁时节候的次序。古代迷信说法，认为帝位相承和天象运行次序相应，因此用以比喻帝王代天理民的顺序。⑦灵长：广远绵长。⑧『君，舟也；人，水也。水能载舟，亦能覆舟。』：出自《荀子·王制》。详见《君道》篇注。

**译文**

贞观六年（公元632年），唐太宗对身边侍从的大臣说：『看看古代的帝王，有兴盛也有衰落，就好像一天之中有清晨就有傍晚一样，这都是因为他们闭塞了耳目，不了解当时所推行的政令的得失，忠诚正直的人不来进谏，奸邪谄媚的人日益得势，帝王无法看到自己的失误了，所以导致了灭亡。我也已经身处宫禁之中，不能完全看清天下所有的事情，所以安排了你们这些人，作为我的耳朵和眼睛。不要认为天下已经太平无事，国家已经安定祥和，心里便有所懈怠。「可以爱戴的难道不是国君吗？可以敬畏的难道不是老百姓吗？」所谓天子，如果有道人民就会推而为主，如果无道人民就会弃而不用，实在是应当畏惧啊。』魏征回答说：『自古以来失掉国家的君主，都是因为在安定的环境下忘记了可能的危险，在有序的状态下忘记了可能还会发生混乱，所以统治才不能够长久。如今陛下您富有四海，内外清平安定，能够留心于治理国家之道，经常如临深渊，如履薄冰，国家的运数，自然能够广远绵长。我又听古语说：「君，好比是舟；民，好比是水。水能够载起舟，也能够倾覆舟。」陛下您认为应当畏惧，的确像您所说的那样。』

**评点**

社会管理者必须实行仁政、德治，否则，便等于自取败亡。正如贾谊所说：『夫民者，万世之本也，不可欺。』因此，统治者必须看到民心向背的重要性，在施政时充分考虑到人民的利益，爱民、惠民、利民，实行德治、仁政，不能愚弄人民，更不能残害人民。







贞观六年，太宗谓侍臣曰：『古人云：「危而不持，颠而不扶，焉用彼相？」①君臣之义，得不尽忠匡救乎？朕尝读书，见桀杀关龙逄②，汉诛晁错③，未尝不废书④叹息。公等但能正词直谏，裨益政教，终不以犯颜忤旨，妄有诛责。朕比来临朝断决，亦有乖于律令者。公等以为小事，遂不执言。凡大事皆起于小事，小事不论，大事又将不可救，社稷倾危，莫不由此。隋主残暴，身死匹夫之手，率土苍生⑤，罕闻嗟痛⑥。公等为朕思隋氏灭亡之事，朕为公等思龙逄、晁错之诛，君臣保全，岂不美哉！』

**注释**

①『危而不持，颠而不扶，焉用彼相？』：孔子语，出自《论语·季氏》。原文为：『危而不持，颠而不扶，则将焉用彼相矣？』颠：倾倒，跌倒。相：辅佐的人。②桀杀关龙逄：桀：夏朝最后一个君主，在位时荒淫暴虐，夏灭于商之后，被流放而饿死。关龙逄：夏桀时大臣，因忠谏而被桀所杀。③晁错（公元前200—公元前154年）：颍川（今河南禹州）人，汉代政治家，有辩才，号称『智囊』。汉景帝时为迁御史大夫，曾多次上书提出加强中央集权、削减诸侯封地、重农贵粟等主张。吴、楚等七国叛乱时，景帝迫于七国压力，将其错杀。④废书：放下书，停止阅读。

⑤率土苍生：即天下百姓。⑥嗟痛：嗟吁痛惜。

**译文** 贞观六年（公元632年），唐太宗对身边的侍从大臣说：『古人说：「危险的时候不知道扶持，跌倒的时候不知道扶助，那还要你们这些辅佐的人干什么？」从君臣大义角度说，你们能不竭尽忠心、匡正补救吗？我曾经读书，看到夏桀杀关龙逢、汉景帝杀晁错的时候，未尝不放下书来叹息的。你们只要能够言辞正当直言劝谏，有补于国家的政事和教化，我绝不会因为你们犯颜直谏、忤逆圣意，而对你们妄加诛罚和责难。我近来临朝裁决事务的时候，也经常出现一些违背法律的地方。你们认为是小事，于是就不再执意劝谏。凡是大事，都是因为小事而起，有了小事不追究，出了大事又将无法挽救，国家败亡，都是从这里开始的。隋朝的君主残暴，自己死于普通老百姓之手，天下的民众，很少听到有叹息悲痛的。你们为我思考思考隋朝灭亡的事，我为你们思考思考关龙逢、晁错被杀的事，君臣相互保全，难道不是好事吗？』

**评点** 上下一心，才能有所成就，这可以说是一条普遍的规则，在国家管理中显得尤为重要。





贞观七年，太宗与秘书监①魏征从容论自古理政得失，因曰：『当今大乱之后，造次②不可致化。』征曰：『不然，凡人在危困，则忧死亡；忧死亡，则思化；思化，则易教。然则乱后易教，犹饥人易食也。』太宗曰：『善人为邦百年，然后胜残去杀。大乱之后，将求致化，宁可造次而望乎？』征曰：『此据常人，不在圣哲。若圣哲施化，上下同心，人应如响③，不疾而速，期月而可，信不为难，三年成功，犹谓其晚。』太宗以为然。封德彝④等对曰：『三代以后，人渐浇讹，⑤故秦任法律，汉杂霸道⑥，皆欲化而不能，岂能化而不欲？若信魏征所说，恐败乱国家。』征曰：『五帝、三王⑦，不易人而化。行帝道则帝，行王道则王，在于当时⑧所理，化之而已。考之载籍⑨，可得而知。昔黄帝与蚩尤七十余战⑩，其乱甚矣，既胜之后，便致太平。九黎⑪乱德，颛顼⑫征之，既克之后，不失其化。桀为乱虐，而汤⑬放之，在汤之代，既致太平。纣⑭为无道，武王⑮伐之，成王⑯之代，亦致太平。若言人渐浇讹，不及纯朴，至今应悉为鬼魅⑰，宁可复得而教化耶？』德彝等无以难之，然咸以为不可。太宗每力行不倦，数年间，海内康宁⑱，突厥⑲破灭，因谓群臣曰：『贞观初，人皆异论，云当今必不可行帝道、王道，惟魏征劝我。既从其言，不过数载，遂得华夏安宁，远戎宾服⑳。突厥自古以来常为中国勍敌㉑，今酋长㉒并带刀宿卫，部落皆袭㉓衣冠。使我遂至于此，皆魏征之力也。』顾谓征曰：『玉虽有美质，在于石间，不值良工琢磨㉔，与瓦砾不别。若遇良工，即为万代之宝。朕虽无美质，为公所切磋㉕，劳公约朕以仁义，弘朕以道德，使朕功业至此，公亦足为良工尔。』

注释

①秘书监：古代职官名，东汉时始置，专掌图书秘籍。②造次：仓促，匆忙。③响：回声。④封德彝（568—627年）：名伦，渤海郡（在今天河北省、辽宁省的渤海湾沿岸一带）人，唐朝时官至尚书右仆射。根据《旧唐书·太宗本纪上》：贞观元年，「六月辛巳，尚书右仆射、密国公封德彝薨。」也就是说，贞观元年，即公元627年夏，封德彝就已经去世了。另根据《新唐书·魏征传》：「于是帝（指唐太宗）即位四年，岁断死二十九，几至刑措，米斗三钱。先是，帝尝叹曰：「今大乱之后，其难治乎？」征曰：「大乱之易治，譬饥人之易食也。」帝曰：「古不云善人为邦百年，然后胜残去杀邪？」答曰：「此不为圣哲论也。圣哲之治，其应如响，期月而可，盖不其难。」封德彝曰：「不然。三代之后，浇诡日滋。秦任法律，汉杂霸道，皆欲治不能，非能治不欲。征书生，好虚论，徒乱国家，不可听。」」可见，这段谈话的时间应为贞观四年之前，具体来说，应为贞观元年六月之前，《贞观政要》记为「贞观七年」，显然有误。⑤浇讹：浮薄诈伪。⑥霸道：与「王道」相对，指君主凭借武力、刑法、权势等进行统治。《孟子·公孙丑上》有：「以德服人者王，以力服人者霸。」⑦五帝、三王：上古时期的圣王。五帝：上古传说中的五位帝王，具体指谁，说法不一。一说是指黄帝、颛顼（即高阳）、帝喾（即高辛）、唐尧、虞舜。如《史记·五帝本纪》唐张守节正义说：「太史公依《世本》、《大戴礼》，以黄帝、颛顼、帝喾、唐尧、虞舜为五帝。谯周、应劭、宋均皆同。」汉代班固《白虎通·号》也说：「五帝者，何谓也？《礼》曰：「黄帝、颛顼、帝喾、帝尧、帝舜也。」」一说指太昊（即伏羲）、炎帝（即神农）、黄帝、少昊（即帝挚）、颛顼。见《礼记·月令》。一说指少昊、颛顼、高辛、唐尧、虞舜。如《〈尚书〉序》中有：「少昊、颛顼、高辛、唐、虞之书，谓之五典，言常道也。」孔颖达疏曰：「言五帝之道，可以百代常行。」晋皇甫谧《帝王世纪》也说：「伏羲、神农、黄帝为三皇，少昊、高阳、高辛、唐、虞为五帝。」一说指伏羲、神农、黄帝、唐尧、虞舜。参见《易·系辞下》。三王：古代的三位帝王，一般指夏、商、周时代的三位圣王，具体是谁，也是众说纷纭，说法不一。





大体来说，主要有以下观点：一、指夏禹、商汤、周武王。如范宁注《春秋谷梁传·隐公八年》「盟诅不及三王」说：「三王，谓夏、殷、周也。夏后有钧台之享，商汤有景亳之命，周武有盟津之会。」二、指夏禹、商汤、周文王。如赵岐注《孟子·告子下》「五霸者，三王之罪人也」说：「三王，夏禹、商汤、周文王是也。」三、指商汤、周文王、周武王。如《尸子》卷下中说：「汤复于汤丘，文王幽于羑里，武王羁于王门；越王栖于会稽，秦穆公败于崤塞，齐桓公遇贼，晋文公出走，故三王资于辱，而五霸得于困也。」四、指周之太王、王季、文王。如韦昭注《国语·周语下》「所以宣三王之德也」说：「三王：太王、王季、文王也。」⑧当时：指在位的帝王。⑨载籍：书籍，典籍。⑩昔黄帝与蚩尤七十余战：根据《史记·五帝本纪》：「黄帝者，少典之子，姓公孙，名曰轩辕。……轩辕之时，神农氏世衰。诸侯相侵伐，暴虐百姓，而神农氏弗能征。于是轩辕乃习用乾戈，以征不享，诸侯咸来宾从。而蚩尤最为暴，莫能伐。……蚩尤作乱，不用帝命。于是黄帝乃征师诸侯，与蚩尤战于涿鹿之野，遂禽杀蚩尤。」黄帝传说为中原各族的祖先，蚩尤为东方九黎族的首领。⑪九黎：传说中中国古代族群之一，生活于黄河中下游一带，是中国最早掌握农耕技术的民族。⑫颛顼：上古帝王名，号高阳氏。相传为黄帝之孙、昌意之子，生于若水，居于帝丘。10岁开始佐少昊，12岁举行代表成人仪式的冠礼，20岁登帝位，在位78年。《史记·五帝本纪》中说他「静渊以有谋，疏通而知事；养材以任地，载时以象天，依鬼神以制义，治气以教化，絜诚以祭祀。」⑬汤：又称成汤、成唐、武汤、武王、天乙等，商朝的开国之君。⑭纣：名辛，又名受，商朝的最后一个君主，中国历史上有名的暴君，被周武王打败之后自焚而死。⑮武王：即周武王，名姬发，周文王姬昌次子。他继承父亲遗志，于公元前11世纪消灭殷商王朝，建立了西周。⑯成王：即周成王，名姬诵，周武王之子，即位时年仅13岁，由周公旦摄政7年。⑰鬼魅：鬼怪，这里形容不通人事，尚未开化。⑱康宁：即安宁。⑲突厥：中国古代北方民族，南北朝时崛起，后分裂为东突厥和西突厥，贞观四年（公元630年）东突厥为唐所灭。⑳远戎宾服：远戎：远方的少数民族。宾服：归顺，服从。㉑劲敌：强敌。劲：音qíng，强有力。㉒酋长：部落的首领。㉓袭：穿衣。《释名·释丧制》中说：『袭，匝也，以衣周匝覆之也。』㉔琢磨：对玉石进行雕刻和打磨。㉕切磋：对象牙、骨器等进行加工的工艺名称。《尔雅·释器》中说：『骨谓之切，象谓之磋，玉谓之琢，石谓之磨。』

**译文** 贞观七年（公元633年），唐太宗与秘书监魏征闲聊自古以来处理国家事务的得失，于是就说：『当前正处于大规模的社会混乱之后，仓促之间无法实现转化人心的目标。』魏征说：『不是这样，一般人在危险困苦之中的时候，就害怕死亡；害怕死亡，就期望转变；期望转变，就容易教导。既然这样，那么动乱之后容易教化，就如同饥饿之后易于进食一样。』唐太宗说：『贤德的人治理国家百年，然后才能以感化制止残暴，避免杀戮。大规模动乱之后，将要实现人心的转化，怎么可能仓促之间就期望达到目标啊？』魏征说：『这是根据一般人来说的，不是说的圣明贤哲之人。如果圣明贤哲的人推行教化，上下同心，群起响应，即使不追求快也会迅速实现，一年时间就可以办到，相信不会很困难，三年才成功，都可以说是太迟了。』唐太宗认为他说得对。封德彝等人回答说：『三代之后，人心逐渐变得浮薄诈伪，所以秦朝专用法律，汉代杂以霸道，都是希望转化人心但不能做到，难道是能够转化而不想去做吗？如果相信魏征说的话，恐怕会使国家败亡。』魏征说：『五帝和三王，都不是通过改变国中的人民才实现的教化。推行帝道就能够实现帝业，推行王道就能够实现王业，关键在于在位君主的治理，转化人民的人心而已。从典籍之中考察，也可以明白这个道理。当初黄帝和蚩尤七十余战，天下可谓是乱到极点了，等到胜利之后，便马上实现了太平。九黎扰乱了社



会秩序，颛顼去征讨他们，等到成功之后，也没有使教化被破坏。夏桀行为淫乱暴虐，商汤放逐了他，在商汤在位的时候，就已经实现了太平。商纣王多行无道，周武王讨伐他，到周成王在位的时候，也实现了太平。如果说人心日渐浮薄诈伪，发展到现在大家早已经变得像鬼魅一样不通人事了，怎么能够再去教化他们呢？』封德彝等人没有理由反驳他，但都认为他说的不合理。唐太宗治理国家勤勉不知疲倦，几年之后，国内就实现了安定，北方的突厥被消灭，于是对大臣们说：『贞观初年，人们的观点都与我不同，说现在一定无法实行帝道、王道，只有魏征劝勉我。听了他的话之后，不过几年，就实现了华夏安定，异族归服。突厥自古以来一直是中原国家的劲敌，如今他们的首领都带着刀成为了宫中的禁卫，部落的老百姓都像中原人一样穿衣戴帽。让我终于达到了这样的境地，都是魏征的功劳啊。』转过头来对魏征说：『玉虽然有美好的质地，但包裹在石头之中，不经过好工匠的雕琢，与瓦砾没有什么区别。如果遇上好的工匠，就会成为万代流传的珍宝。我虽然没有美好的质地，但经过被你雕琢，劳烦你用仁义约束我，用道德来激励我，使我的功业达到了今天的境地，你也完全可以称得上是一个好工匠啊。』

**评点** 在中国古代，教化被看做惠民的重要环节，所以备受重视。正如司马光所说：『教化，国家之急务也。』从国家的长治久安考虑，对人民进行教化，提高人民的内在素质，在国家治理中应当始终放在突出的位置。

贞观八年，太宗谓侍臣曰：『隋时百姓纵有财物，岂得保此？自朕有天下已来，存心抚养①，无有所科差②，人人皆得营生，守其资财，即朕所赐。向使朕科唤③不已，虽数资④赏赐，亦不如不得。』魏征对曰：『尧、舜在上，

百姓亦云「耕田而食，凿井而饮」⑤，含哺鼓腹⑥，而云「帝何力」于其间矣。今陛下如此含养⑦，百姓可谓日用而不知⑧。』又奏称：『晋文公⑨出田⑩，逐兽于砀⑪，入大泽⑫，迷不知所出。其中有渔者，文公谓曰：「我，若君也，道将安出？我且厚赐若。」渔者曰：「臣愿有献。」文公曰：「出泽而受之。」于是送出泽。文公曰：「今子之所欲教寡人者，何也？愿受之。」渔者曰：「鸿鹄⑬保河海，厌而徙之小泽，则有矰丸⑭之忧。鼋鼍⑮保深渊，厌而出之浅渚⑯，必有钓射之忧。今君出兽砀，入至此，何行之太远也？」文公曰：「善哉！」谓从者记渔者名。渔者曰：「君何以名？君尊天事地，敬社稷，保四国⑰，慈爱万民，薄赋敛，轻租税，臣亦与焉。君不尊天，不事地，不敬社稷，不固四海，外失礼于诸侯，内逆民心，一国流亡，渔者虽有厚赐，不得保也。」遂辞不受。』太宗曰：『卿言是也。』

**注释**

①存心抚养：存心：专心，用心着意。抚养：指对部下或百姓的爱护体恤。②科差：官府向老百姓征收财物或派劳役。③科唤：差役派遣。④资：给予，供给。⑤百姓亦云「耕田而食，凿井而饮」：据《帝王世纪》记载，尧时有老人击壤于路作歌曰：「吾日出而作，日入而息。凿井而饮，耕田而食。帝力何有于我哉？」此《击壤歌》后成为歌颂盛世太平的典故。⑥含哺鼓腹：口里含着食物，吃饱后挺着肚子。形容过着安乐的生活。出自《庄子·马蹄》：『夫赫胥氏之时，民居不知所为，行不知所之，含哺而熙，鼓腹而游，民能以此矣。』哺：口中所含的食物。⑦含养：





包容养育，多用以形容帝德广博深厚。⑧日用而不知：出自《易经·系辞上》：『百姓日用而不知，故君子之道鲜矣。』孔颖达疏曰：『言万方百姓恒日日赖用此道而得生，而不知道之功力也。』日用：每天应用，日常应用。⑨晋文公（公元前697—公元前628年）：名重耳，晋国国君，春秋五霸之一。⑩出田：亦作『出畋』，出外打猎。⑪砀：山名，在今安徽省砀山县东南。⑫大泽：大湖沼，大薮泽。⑬鸿鹄：鸿雁与天鹅。⑭矰丸：弓箭和弹弓。矰：古代射鸟用的拴着丝绳的箭。丸：用弹弓发射的弹丸。⑮鼋鼍：音yuán tuó，大鳖和鼍龙（俗称『猪婆龙』）。⑯渚：水边。⑰四国：四方邻国，泛指四方，天下。

**译文**

贞观八年（公元634年），唐太宗对身边侍从的大臣说：『隋朝的时候老百姓即使有财物，难道能留得住这些东西吗？自从我取得天下以来，专心对老百姓爱护体恤，不向他们征收财物和派劳役，人人都能够经营生计，保守他们的财产物资，这就是我所赐给他们的。如果我不停地向他们征收、差派，即使不断给他们赏赐，也还不如不要这些东西。』魏征回答说：『尧舜统治天下的时候，老百姓尚且说「我们自己耕田自己吃，自己凿井自己喝」，嘴里含着食物，手拍着吃饱了的肚子，说，在我们的生活中，「我们的帝王出过什么力」呢？如今陛下您对老百姓如此包容养育，老百姓可以说是每天都在享用这种恩泽而自己却意识不到。』又上奏说：『晋文公外出打猎，在砀山追逐野兽，进入一片湖沼之中，迷了路不知如何出去。湖中有一个渔夫，文公对他说：「我，就是你们的国君，出去的路怎么走？告诉我我将厚厚地赏赐你。」渔夫说：「小人有一言想要献给您。」文公说：「等我出了这片湖泊再接受吧。」于是渔夫将他送了出去。文公说：「如今您要教导我的，是什么呢？我愿意接受。」渔夫说：「鸿雁和天鹅拥有江河和大海，觉得厌恶了就迁徙到小水泊中，于是有了受弓箭和弹弓伤害的忧虑。神龟和鼍龙占据深渊，觉得厌恶了就出来到岸边的浅水中去，一定会有被钓和射的担忧。如今国君您出来到砀山打野兽，结果进入了这个地方，为什么走得如此远呢？」文公说：「你说得好。」告诉随行的人记住渔夫的名字。渔夫说：「国君您为什么要记我的名字呢？您虔诚地敬事天地，重视社稷，安抚天下，慈爱万民，少收田赋，减轻捐税，我也会从中得益。您不尊敬天，不侍奉地，不重视社稷，不稳定天下，对外失礼于诸侯，对内违逆民心，整个国家都会迁徙、灭亡，渔夫即使有您的厚赐，也保不住啊。」于是推辞了赏赐而没有接受。」唐太宗说：「你说得很对。」

**评点** 真正的惠民不是对人民施以小恩小惠，而是创造条件使老百姓生活稳定，安心从事生产。正如戈直所评论的：「唐太宗说：『人得营生，即朕所赐。若差科不已，虽赏赐，不如不得。』这话说得太好了，这可以说是了解治理国家的根本啊。」

**贞观九年，太宗谓侍臣曰：「往昔初平京师①，宫中美女珍玩②无院不满。炀帝意犹不足，征求无已，兼东西征讨，穷兵黩武③，百姓不堪，遂致亡灭。此皆朕所目见，故夙夜孜孜④，惟欲清净，使天下无事。遂得徭役不兴，年谷丰稔⑤，百姓安乐。夫治国犹如栽树，本根不摇，则枝叶茂荣。君能清净，百姓何得不安乐乎？」**

**注释** ①京师：泛指天子定都之地。②珍玩：珍贵的供玩赏的物品。③穷兵黩武：穷尽所有兵力，随意发动战争，形容极其好战。穷：竭尽。黩：随便，任意。④夙夜孜孜：日夜勤勉，时时都不懈怠。⑤年谷丰稔：一年中种植的庄稼都成熟，丰收。稔：音rěn，庄稼成熟。





**译文** 贞观九年（公元635年），唐太宗对身边侍从的大臣说：「当初刚刚平定隋朝都城的时候，宫中美貌的女子和珍贵的物品，没有一个院子不是满的。隋炀帝的心里还是感到不满足，不断地四处搜刮，加上东征西讨，穷兵黩武，老百姓实在无法忍受，结果导致了他的灭亡。这是我亲眼所见，所以每天日夜不敢懈怠，只期望为政清简，使天下太平无事。结果实现了徭役不再征发，庄稼年年丰收，百姓安居乐业。治理国家和栽树的道理一样，本根不被晃动，那么枝叶就繁茂。国君能够为政清简，老百姓怎么能够实现不了安居乐业呢？」

**评点** 唐初的执政理念，很大程度上是从隋朝灭亡教训中吸取教训并进行深刻反思的结果。唐太宗君臣认为，隋朝之所以灭亡，根本原因就在于其统治者只追求满足自己的贪欲，不顾及人民的死活。

**贞观十六年，太宗谓侍臣曰：「或君乱于上，臣治于下；或臣乱于下，君治于上。二者苟逢，何者为甚？」特进魏征对曰：「君心治，则照见下非。诛一劝百，谁敢不畏威尽力？若昏暴于上，忠谏不从，虽百里奚、伍子胥之在虞、吴①，不救其祸，败亡亦继。」太宗曰：「必如此，齐文宣②昏暴，杨遵彦③以正道扶之得治，何也？」征曰：「遵彦弥缝④暴主，救治苍生，才得免乱，亦甚危苦。与人主严明，臣下畏法，直言正谏，皆见信用，不可同年而语⑤也。」**

**注释** ①百里奚、伍子胥之在虞、吴：百里奚，姓百里，名奚。生卒年不详。一说春秋时楚国宛（今河南南阳）人，一说是虞国（今山西平陆北）人。百里奚曾在虞国任大夫。公元前655年晋国借道虞国以伐虢国，虞君因接受了晋献公的『垂棘之璧』与『屈产之乘』而答应了晋国。大夫宫之奇劝谏不听，百里奚深知劝谏无益，便缄默不语。结果晋国在灭了虢国之后，返回时顺便灭了虞国。虞国灭亡时，百里奚被晋国所俘，后辗转到了秦国，成为秦相，帮助秦穆公改革内政，发展生产，使秦国在诸侯国中脱颖而出。伍子胥（？—公元前484年）：名员，字子胥。公元前522年，伍子胥的父亲被楚平王所杀。他逃出楚国，最后到了吴国，帮助阖闾刺杀吴王僚，夺取王位，受到重用，帮吴王阖闾整军经武，使吴国实力迅速壮大。公元前506年，伍子胥与孙武等人率军攻下楚国的都城郢。阖闾死后，其子夫差继位，于公元前494年大败越军，俘获越王勾践。伍子胥屡次劝夫差杀掉勾践，拒绝越国求和，停止北上伐齐，不听。后渐被吴王夫差疏远，最终夫差赐剑令其自杀。②齐文宣：即北齐文宣帝高洋（529—559年），字子进，性情残酷暴虐。③杨遵彦（511—560年）：名愔，弘农郡（今河南省三门峡市）人，曾任北齐尚书令。高洋荒淫怠惰，将政事委于杨遵彦。杨遵彦将国家事务治理得井井有条，时人称颂。④弥缝：弥补缝合缺陷。⑤同年而语：把不同的人或事放在一起谈论或看待。

**译文** 贞观十六年（公元642年），唐太宗对身边侍从的大臣说：『或者君主在上作乱，大臣在下治理；或者大臣在下作乱，君主在上治理。二者如果放在一起，哪种情况更严重？』特进魏征回答说：『君主的心里如果不混乱，就能够洞见下面人的不对之处。杀掉一人即可警诫百人，谁还敢不畏惧威严而为国尽力？如果君主在上位昏庸暴虐，不听从发自忠心的劝谏，即使有百里奚在虞国、伍子胥在吴国，也不能挽救他的灾难，失败、灭亡接着就会来了。』唐太宗说：『如果一定这样，北齐文宣帝昏庸暴虐，杨遵彦用正确的治国之道扶助他，北齐得到了很好的治理，这是为什么呢？』魏征说：『杨遵彦是在弥补暴虐君主的过失，挽救天下的百姓，仅仅实现了避免国家混乱，仍然是非常危险和困苦。这同君主严明，臣属畏惧国法，直言劝谏，都被相信和任用，是不能相提并论的。』

**评点** 宋代学者林之奇说：『君主对于大臣来说就是纲，君主正直那么大臣就正直，从来没有纲不端正而能使目端正的道理。既然这样，那么如果君主自己作乱，怎么能够使大臣有序呢？魏征之言，可以说是抓住了端正纲的关键。』在中国古代君主集权的制度下，地位越高，自然责任越大，个人素质要求也就越高。



贞观十九年，太宗谓侍臣曰：『朕观古来帝王，骄矜①而取败者，不可胜数。不能远述古昔，至如晋武平吴、隋文伐陈②已后，心逾骄奢，自矜③诸己，臣下不复敢言，政道因兹弛紊④。朕自平定突厥、破高丽⑤已后，兼并铁勒⑥，席卷沙漠，以为州县，夷狄⑦远服，声教⑧益广。朕恐怀骄矜，恒自抑折⑨，日旰⑩而食，坐以待晨⑪。每思臣下有说言⑫直谏，可以施于政教者，当拭目以师友待之。如此，庶几⑬于时康道泰⑭尔。』

**注释** ①骄矜：骄傲自负。②晋武平吴、隋文伐陈：公元280年，晋武帝司马炎派兵灭掉吴国，结束了三国鼎立的局面，统一了全国。公元589年，隋文帝杨坚出兵灭掉南陈，结束了南北对峙，统一了全国。③自矜：自夸，自负，自大。④弛紊：松弛紊乱。⑤高丽：古国名，今我国东北和朝鲜半岛一带的少数民族政权，又称『高句丽』、『高句骊』、『句丽』、『句骊』，唐高宗时被灭。⑥铁勒：古代中国北方、西北方民族，又称狄历、丁零、敕勒、高车。唐太宗时灭铁勒族所建的薛延陀汗国，于铁勒诸部分置羁縻都督府、州。⑦夷狄：古代称东方少数民族为夷，北方少数民族为狄，常以『夷狄』泛称除华夏族以外的各民族。⑧声教：声威教化。⑨抑折：克制。⑩日旰：天色晚，日暮。旰：音gàn，天晚。⑪坐以待晨：坐着等待天亮，常用以表示勤谨。又作『坐以待旦』，出自《尚书·太甲上》：『先王昧爽丕显，坐以待旦，旁求俊彦，启迪后人，无越厥命以自覆。』⑫谠言：正直之言，直言。如《汉书·叙传上》有：『吾久不见班生，今日复闻谠言！』颜师古注曰：『谠言，善言也。』⑬庶几：希望，但愿。如袁梅注《诗经·小雅·车舝》『虽无旨酒，式饮庶几；虽无嘉殽，式食庶几』说：『庶几，幸。此表希望之词。』⑭时康道泰：时世太平，道路平安。

## 译文

贞观十九年（公元645年）唐太宗对身边侍从的大臣说：『我看自古以来的帝王，因为骄傲自负而导致失败灭亡的，数不胜数。年代太久远的就不能一一述说了，就说晋武帝平吴、隋文帝灭陈之后，心里就变得更加骄傲奢侈，自高自大，大臣们不再敢对他们进谏，治理国家的措施因此而变得松弛紊乱。我自从平定了突厥、打败了高丽之后，兼并了铁勒诸部，席卷沙漠，设置成了州县，四方的部族从远方来归服，声威教化日益广远。我怕自己产生骄傲自负的情绪，常常自我克制，天很晚了才吃饭，清晨很早就起床坐等天亮。经常想大臣们如果有善言直谏，可以在政令教化中得以实施，我必当擦亮了眼睛以对待老师和朋友的态度来对待他们。通过这样做，期望能够实现时世太平，国泰民安。』

## 评点

骄傲自然就会怠惰，『成在敬，败在慢』，一个人如果骄傲自满，目中无人，就容易怠慢别人，从而导致众叛亲离，不可避免地会遭到失败。



太宗自即位之始，霜旱为灾，米谷踊贵①，突厥侵扰，州县骚然②。帝志在忧人，锐精③为政，崇尚节俭，大布恩德。是时，自京师及河东、河南、陇右④，饥馑⑤尤甚，一匹绢才得一斗米。百姓虽东西逐食⑥，未尝嗟怨⑦，莫不自安。至贞观三年，关中丰熟，咸自归乡，竟无一人逃散。其得人心如此。加以从谏如流，雅好儒术，孜孜求士，务在择官，改革旧弊，兴复制度，每因一事，触类为善。初，息隐、海陵⑧之党，同谋害太宗者数百千人，事宁，复引居左右近侍，心术豁然⑨，不有疑阻⑩。时论以为能断决大事，得帝王之体。深恶官吏贪浊⑪，有枉法受财者，必无赦免。在京流外有犯赃者，皆遣执奏，随其所犯，置以重法。由是官吏多自清谨⑫。制驭王公、妃主之家，大姓豪猾⑬之伍，皆畏威屏迹⑭，无敢侵欺细人⑮。商旅野次⑯，无复盗贼，囹圄⑰常空，马牛布野，外户⑱不闭。又频致丰稔，米斗三四钱，行旅自京师至于岭表⑲，自山东⑳至于沧海㉑，皆不赍㉒粮，取给于路。入山东村落，行客经过者，必厚加供待，或发时有赠遗。此皆古昔未有也。

## 注释

①踊貴：原意爲受刖刑的人所穿的特制鞋子價錢上漲，泛指物價上漲。踊：古代受過刖刑的人穿的鞋。②騷然：騷動，動蕩不安的樣子。③銳精：敏銳而精心。④河東、河南、隴右：皆爲古地域名。河東：黄河流經陝西省、山西省境，走向爲自北而南，故稱山西省境内黄河以東的地區爲『河東』。秦漢時置河東郡，唐初置河東道。河南：指

黄河以南地區，具體所指範圍廣狹有异，大體相當于今天的河南省。隴右：泛指隴山以西地區，古代以西爲右，故稱『隴右』，約相當于今甘肅六盤山以西，黄河以東一帶。⑤饑饉：灾荒，莊稼收成很差或顆粒無收。五谷收成不好稱爲『饑』，蔬菜和野菜吃不上稱爲『饉』。⑥逐食：求食，乞討食物。⑦嗟怨：嗟嘆怨恨。⑧息隱、海陵：指李世民的哥哥李建成和弟弟李元吉，玄武門兵變之中，都被殺死。事後李世民追封李建成爲息王，謚曰『隱』，故稱『息隱』；追封李元吉爲海陵王，故稱『海陵』。⑨心術豁然：心思坦蕩。心術：心思，居心，内心品質。豁然：坦蕩，開闊。⑩疑阻：猜疑隔閡。⑪貪濁：即貪污。⑫清謹：廉潔謹慎。⑬豪猾：指强横狡猾而不守法紀的人。⑭屏迹：避匿，斂迹。⑮細人：地位卑微之人。⑯商旅野次：來往于各地的客商和止宿于野外的人。⑰囹圄：監獄。⑱外户：從外面關閉的門，泛指大門。⑲嶺表：古地域名，即嶺外，五嶺以南的地區，今廣東、廣西一帶。⑳山東：古地域名。一般泛稱崤山或華山以東地區，有時也特指太行山以東地區。㉑滄海：我國古代對東海的别稱。㉒賫：音jī，携帶，常特指旅行的人携帶衣食等必需品。

**译文**

唐太宗即位之初，遇到了霜旱等自然灾害，粮食价格飞涨，北方的突厥又来侵略骚扰，全国各州县都动荡不安。皇帝一心忧虑着老百姓，敏锐而精心地治理着国家，崇尚节俭，广施恩德。此时，从京城到河东、河南、陇右一带，灾荒最严重，一匹绢才能换到一斗米。老百姓虽然东奔西走乞讨食物，但也没有人嗟叹怨恨，无不各自安守本分。到贞观三年，关中地区获得了大丰收，老百姓就都各自回乡，竟然没有一个人逃亡离散。唐太宗赢得人心到了这样的程度。加上他能够顺畅地接受别人的劝谏，喜好儒家的治国之术，毫不懈怠地访求贤士，非常重视选拔官吏，改革原有的弊端，制定和恢复了治国的规制法度，经常遇到一件事情，就能够触类旁通实施许多好的措施。最初的时候，李建成和李元吉一伙，一起谋划陷害唐太宗的有成百上千人，事情结束之后，唐太宗又把他们安置在自己身边成为侍从的近臣，心胸坦荡，



没有猜疑和隔阂。当时人们的评论认为他能够决断大事，深得作为帝王的要领。他极端厌恶官吏贪污，有无视法律收受财物的，一定不会被赦免。不论是在京城的官员还是被派遣到外地的官员，如有贪赃的，都要大臣直言奏明，根据所犯罪行，加以重法严惩。因此官员们大多自己廉洁谨慎。他严格控制王公贵族、贵妃公主这些显贵家族，依仗着家族大而强横狡猾不守法纪的人，都因畏惧威严而敛迹，不敢再侵凌欺压普通百姓。往于各地的客商和止宿于野外的人，没有再被抢劫或者偷盗的，监狱中常常空着，马匹牛羊遍布四野，各家大门都不需要关闭。以后的几年又接连获得丰收，米价降到每斗三四枚铜钱，旅行的人从京城到岭南，从山东到东海，都不需要自带粮食，给养在旅途中获得。到了山东的村子，有旅行的客人经过的人家，一定会厚加款待，有的在离开的时候，还会有一些馈赠。这都是古代从来没有过的事情。

**评点**

由于唐太宗施政得当，唐朝初年很快从隋末的社会动荡和凋敝中恢复过来。正由于此，后人给予其很高的评价，称他为一代圣主。这不仅是由于他平定突厥等外患的武功，更重要的还是他的文治之功。

## 任贤第三

房玄龄，齐州临淄人也。初仕隋，为隰城尉①。坐事②，除名徙上郡。太宗徇地③渭北，玄龄杖策④谒于军门⑤。太宗一见，便如旧识，署渭北道行军记室参军⑥。玄龄既遇知己，遂罄竭心力。是时，贼寇每平，众人竞求金宝，玄龄独先收人物，致之幕府⑦。及有谋臣猛将，与之潜相申结⑧，各致死力。累授秦王府记室，兼陕东道大行台考功郎中。玄龄在秦府十余年，恒典管记⑨。隐太子、巢刺王⑩以玄龄及杜如晦为太宗所亲礼，甚恶之，谮⑪之高祖，由是与如晦并遭驱斥⑫。及隐太子将有变也，太宗召玄龄、如晦，令衣道士服，潜引入阁⑬谋议。及事平，太宗入春宫⑭，擢拜⑮太子左庶子。贞观元年，迁中书令。三年，拜尚书左仆射，监修国史⑯，封梁国公，实封一千三百户。既总任百司，虔恭夙夜，尽心竭节，不欲一物失所。闻人有善，若己有之。明达吏事，饰以文学，审定法令，意在宽平。不以求备取人，不以己长格物，随能收叙⑰，无隔疏贱。论者称为良相焉。十三年，加太子少师。玄龄自以一居端揆⑱十有五年，频抗表辞位，优诏⑲不许。十六年，进拜司空，仍总朝政，依旧监修国史。玄龄复以年老请致仕⑳，太宗遣使谓曰：『国家







久相任使，一朝忽无良相，如失两手。公若筋力不衰，无烦此让。自知衰谢，当更奏闻。』玄龄遂止。太宗又尝追思王业之艰难，佐命之匡弼㉑，乃作《威凤赋》㉒以自喻，因赐玄龄，其见称㉓类如此。

**注释**

①隰城尉：隰城县的县尉。隰城县，即今山西汾阳。县尉位居县令或县长之下，掌管一县治安。②坐事：因事获罪。③徇地：掠取土地。④杖策：执着马鞭。⑤军门：军营的门。⑥记室参军：官名，东汉始置，掌章表书记文檄。或称记室督或记室等。⑦幕府：指将帅在外的营帐。⑧申结：申款交结，申好结合。⑨管记：古代对书记、记室参军等文翰职官的通称。⑩隐太子、巢刺王：即李建成和李元吉。李建成死后谥曰『隐』，故此称『隐太子』；李元吉死后谥曰『刺』，贞观十六年又追封巢王，故此称『巢刺王』。⑪谮：说别人的坏话，诬陷，中伤。⑫驱斥：驱赶斥逐。⑬阁：音gé，宫中的小门。⑭春宫：即东宫，太子居住的宫殿。⑮擢拜：提拔授官。⑯监修：指对书籍修纂工作的监督。国史：原指当代人修纂的本朝实录和本朝历史，后泛指一个朝代的历史。⑰收叙：收录任用。⑱端揆：即相位。宰相居百官之首，总揽国政，故称。⑲优诏：褒美嘉奖的诏书。⑳致仕：辞去官职。如何休注《春秋公羊传·宣公元年》『退而致仕』说：『致仕，还禄位于君。』㉑佐命之匡弼：佐命：指辅助帝王创业的功臣。古代帝王得天下，自称是上应天命，故称辅佐帝王创业为『佐命』。匡弼：匡正辅佐，纠正补救。㉒《威凤赋》：全文为：『有一威凤，憩翮朝阳。晨游紫雾，夕饮元霜。资长风以举翰，戾天衢而远翔。西翥则烟氛閟色，东飞则日月腾光。化垂鹏于北裔，训群鸟于南荒。弭乱世而方降，膺明时而自彰。俯翼云路，归功本树，仰乔枝而见猜，俯修条而抱蠹。同林之侣俱嫉，共幹之俦并忤。无桓山之义情，有炎州之凶度。若巢苇而居安，独怀危而履惧。鸱鸮啸乎侧叶，燕雀喧乎下枝。惭己陋之至鄙，害他贤之独奇。

或聚味而交击，乍分罗而见羁。戢凌云之逸羽，韬伟世之清仪。遂乃蓄情宵影，结志晨晖。霜残绮翼，露点红衣。嗟忧患之易结，欢赠缴之难违，期毕命于一死，本无情于再飞。幸赖君子，以依以恃，引此风云，濯斯尘滓。披蒙翳于叶下，发光华于枝里，仙翰屈而还舒，灵音摧而复起。盼八极以遐翥，临九天而高峙。庶广德于众禽，非崇利于一己。是以徘徊感德，顾慕怀贤，凭明哲而祸散，讬英才而福延。答惠之情弥结，报功之志方宣。非知难而行易，思令后以终前。俾贤德之流庆，毕万叶而芳传。』根据《旧唐书·长孙无忌传》记载，该赋应当是赐给长孙无忌的。㉓见称：受人称誉。

**译文** 房玄龄，是齐州临淄人。他最初的时候在隋朝做官，当隰城县县尉。因事获罪，被罢免后迁居到上郡。唐太宗带兵进攻到渭北，房玄龄执着马鞭到军营门前拜见。唐太宗一看到他，便好像看到自己的故人，临时授予他渭北道行军记室参军的职位。房玄龄一遇到知己，就竭心尽力为其效命。这时候，每当平定了一处贼寇，大家都争相搜寻金银珠宝，只有房玄龄先搜罗人才，把他们送到唐太宗的营帐，如果有善于谋划的文臣和英勇善战的武将，他就与之暗中交好，相约分别竭尽全力来效命。后来他多次受职为秦王府记室参军，并兼任陕东道大行台考功郎中。房玄龄在秦王府十多年，一直执掌文书职务。李建成和李元吉因为房玄龄和杜如晦被唐太宗所礼遇，非常厌恶他们，向唐高祖进谗言，因此同杜如晦一起遭到驱逐排斥。等到太子李建成想要发动变乱的时候，唐太宗召见房玄龄和杜如晦，让他们穿上道士的服装，偷偷地从宫中的小门领进来商量对策。等到事情结束之后，唐太宗成为太子，房玄龄被提拔为太子左庶子。贞观元年，升为中书令。贞观三年，被任命为尚书左仆射，监修国史，封为梁国公，实际封赐食邑一千三百户。总管百官之后，他日夜虔诚恭敬，尽心竭力，不让一个人才被埋没。听说别人有长处，就如同自己有一样。他明了熟悉政事，擅长文字修饰，审核制定刑法律令，本着宽松平和的原则。他选拔人才不求全责备，不用自己的长处衡量别人，根据能力



提拔任用，不会使关系远、地位低的人产生阻隔。评论他的人都把他称为好宰相。贞观十三年，加封太子少师。房玄龄自己觉得一占据宰相之位就是十五年，屡次上表请求辞职，唐太宗颁布诏书嘉奖赞美他，没有同意他的请求。贞观十六年，晋封司空，仍然总揽朝政，依旧监修国史。房玄龄再次以年老为由请求辞去官职，唐太宗派来使臣对他说：『国家长期对你任用，有一天突然没有好宰相了，我就好像失去了两只手一样。如果你觉得身体还没有衰老，就不要再辞让你的位置了。如果你自己觉得的确衰老虚弱了，那就再上奏一次吧。』房玄龄于是就中止了辞官的请求。唐太宗又经常回想开创帝业的艰辛困苦，辅助自己创业的功臣们的匡正辅佐，于是作了一篇《威凤赋》来抒发自己的情感，并将其赐给房玄龄，他被唐太宗欣赏达到了这般程度。

**评点** 对于一个国家或者组织来说，人才可以成为领导者的左膀右臂。古代君主礼贤下士而治国成功的事例不胜枚举。对于个人来说，有才华有能力的人在身边不但可以经常给自己提出一些指教和帮助，而且还可以直接促进自己能力的提高。

杜如晦，京兆万年人也。武德①初，为秦王府兵曹参军，俄迁陕州总管府长史。时府中多英俊②，被外迁③者众，太宗患之。记室房玄龄曰：『府僚去者虽多，盖不足惜。杜如晦聪明识达④，王佐才⑤也。若大王守藩端拱⑥，无所用之；必欲经营⑦四方，非此人莫可。』太宗自此弥加礼重，寄以心腹，遂奏为府属，常参谋帷幄⑧。时军国多事，剖断⑨如流，深为时辈所服。累

除天策府从事中郎，兼文学馆学士。隐太子之败，如晦与玄龄功第一，迁拜太子右庶子。俄迁兵部尚书，进封蔡国公，实封一千三百户。贞观二年，以本官检校侍中。三年，拜尚书右仆射，兼知⑩吏部选事。仍与房玄龄共掌朝政。至于台阁规模，典章文物，皆二人所定，甚获当时之誉，时称房、杜焉。

**注释**

①武德：唐高祖年号。②英俊：才智卓越的人。③外迁：古代指京官调任地方。④识达：有见识，洞达事理。⑤王佐才：能够辅佐帝王创业和治国的人才。⑥守藩端拱：指不想有大的作为。守藩：王侯安守其封地。端拱：正身拱手，指帝王清静无为，清简为政。⑦经营：规划营制。⑧帷幄：军营的帐幕，代指将帅决策指出，这里引申为谋划决策。⑨剖断：剖明决断。⑩知：主持，管理。

**译文**

杜如晦，是京兆万年人。唐高祖武德初年，他在李世民的秦王府担任兵曹参军，不久之后调任陕州总管府长史。当时秦王府中有许多才智卓越的人，很多都被调任为地方官，唐太宗为此非常忧虑。当时担任记室的房玄龄说：『府中的幕僚离开的虽然很多，大都是不值得可惜的。只有杜如晦头脑灵活、洞达事理，是能够辅佐帝王创业和治国的人才。如果大王您打算安守王侯的地位，不想有大的作为，他这个人没有什么用处；如果您决心要治理天下，非得用这个人不可。』唐太宗从此之后对杜如晦更加礼遇、重视，把他当做自己的心腹，于是经过请示，将他调任为秦王府的属官，经常参与决策和谋划。那时候军中和国中事务繁多，杜如晦都能够迅速地剖析决断，深为当时的人们所佩服。数次提拔之后，成为天策府从事中郎，兼任文学馆学士。太子李建成的失败，杜如晦和房玄龄的功劳最大，官职升为太子左庶子。不久又升任兵部尚书，加封蔡国公，实封食邑一千三百户。贞观二年（628年），在原有官职基础上又兼为检校侍中。贞观三年（629年），官拜尚书右仆射，同时兼任吏部选事，仍然与房玄龄共同执掌朝政。以至于中央机构的规模，朝廷的各种制度仪节，都是他们两个人制定的，深受当时舆论的称颂，被人们并称为房、杜。

**评点**

关于齐桓公为什么能成就霸业，威震诸侯，《管子·小匡》中的两句话可谓一语中的：『桓公假其群臣之谋，以益其智也。』齐桓公借助手下群臣的计谋，来不断增益自己的智慧。唐太宗也是一样，他的成功，可以说和身边的房玄龄、杜如晦、魏征等大臣的有力辅佐分不开。







魏征，巨鹿人也。近徙家相州之内黄。武德末，为太子洗马。见太宗与隐太子阴相倾夺①，每劝建成早为之谋。太宗既诛隐太子，召征责之曰：『汝离间我兄弟，何也？』众皆为之危惧。征慷慨自若，从容对曰：『皇太子若从臣言，必无今日之祸。』太宗为之敛容②，厚加礼异③，擢拜④谏议大夫。数引之卧内，访以政术。征雅⑤有经国之才，性又抗直⑥，无所屈挠⑦。太宗每与之言，未尝不悦。征亦喜逢知己之主，竭其力用。又劳⑧之曰：『卿所谏前后二百余事，皆称朕意。非卿忠诚奉国，何能若是！』三年，累迁秘书监，参预朝政，深谋远算，多所弘益⑨。太宗尝谓曰：『卿罪重于中钩⑩，我任卿逾于管仲，近代君臣相得，宁有似我于卿者乎？』六年，太宗幸九成宫，宴近臣，长孙无忌曰：『王珪、魏征，往事息隐，臣见之若仇，不谓今者又同此宴。』太宗曰：『魏征往者实我所仇，但其尽心所事，有足嘉者。朕能擢而用之，何惭古烈⑪？征每犯颜切谏⑫，不许我为非，我所以重之也。』征再拜曰：『陛下导臣使言，臣所以敢言。若陛下不受臣言，臣亦何敢犯龙鳞⑬，触忌讳也！』太宗大悦，各赐钱十五万。七年，代王珪为侍中，累封郑国公。寻以疾乞辞所职，请为散官⑭。太宗曰：『朕拔卿于仇虏之中，任卿以枢要之职，见朕之非，未尝不谏。公独不见金之在矿，何足贵哉？良冶锻而为器，便为人所宝。朕方自比于金，以卿为良工。虽有疾，未为衰老，岂得便尔耶？』征乃止。后复固辞，听解侍中，授以特进，仍知门下省事。十二年，太宗以诞皇孙，诏宴公卿。帝极欢，谓侍臣曰：『贞观以前，从我平定天下，周旋艰险，玄龄之功无所与让。贞观之后，尽心于我，献纳忠说⑮，安国利人，成我今日功业，为天下所称者，惟魏征而已。古之名臣，何以加也。』于是亲解佩刀以赐二人。庶人承乾⑯在春宫，不修德业；魏王泰⑰宠爱日隆，内外庶寮⑱，咸有疑议。太宗闻而恶之，谓侍臣曰：『当今朝臣，忠謇⑲无如魏征，我遣傅皇太子，用绝天下之望。』十七年，遂授太子太师，知门下事如故。征自陈有疾，太宗谓曰：『太子宗社⑳之本，须有师傅，故选中正，以为辅弼。知公疹㉑病，可卧护㉒之。』征乃就职。寻遇疾。征宅内先无正堂，





太宗时欲营小殿，乃辍其材为造，五日而就。遣中使赐以布被素褥，遂其所尚。后数日，薨㉓。太宗亲临恸哭，赠司空，谥曰文贞。太宗亲为制碑文，复自书于石。特赐其家食实封九百户。太宗后尝谓侍臣曰：『夫以铜为镜，可以正衣冠；以古为镜，可以知兴替；以人为镜，可以明得失。朕常保此三镜，以防己过。今魏征殂逝㉔，遂亡一镜矣！』因泣下久之。乃诏曰：『昔惟魏征，每显予过。自其逝也，虽过莫彰。朕岂独有非于往时，而皆是于兹日？故亦庶僚苟顺，难触龙鳞者欤！所以虚己外求，披迷㉕内省。言而不用，朕所甘心；用而不言，谁之责也？自斯已后，各悉乃诚。若有是非，直言无隐。』

**注释**

①倾夺：竞争，争夺。②敛容：改变了脸色，显出端庄的样子。③礼异：特殊的礼遇。④擢拜：提拔授予官职。⑤雅：副词，甚，很，极。⑥抗直：刚强正直。⑦屈挠：退缩，屈服。⑧劳：慰问。⑨弘益：增益，补益。

⑩中钩：春秋时期，齐国发生内乱，公子纠和公子小白分别逃往他国，管仲辅佐公子纠。后来齐国国内局势发生了变化，公子纠和公子小白都想提前一步赶回齐国继承国君之位。为了阻止公子小白，管仲在半路进行截击，结果一箭射中公子小白的带钩。公子小白佯装被射死，星夜赶回齐国，继承了君位，是为齐桓公。齐桓公即位之后，听从了鲍叔牙的建议，不但没有报一箭之仇，反而爱惜管仲的才能，重用了他。后管仲辅佐齐桓公改革内政，发展生产，壮大实力，扩大在诸侯中的影响，使得齐桓公成为诸侯的霸主。这里的『中钩』及下一句提到『管仲』，指的就是这一典故。⑪古烈：前代的义烈之士。⑫切谏：直言极谏。⑬犯龙鳞：又作『逆龙鳞』。《韩非子·说难》中说：『夫龙之为虫也，柔可狎

而骑也，然其喉下有逆鳞径尺，若人有婴之者，则必杀人。人主亦有逆鳞，说者能无婴人主之逆鳞，则几矣。』后以『犯龙鳞』或『逆龙鳞』指臣下不顾君王的情绪而犯颜直谏。⑭散官：与『职事官』对言，指有官名而无固定职事之官。⑮谠：正直的言论。⑯庶人承乾：唐太宗的长子李承乾，曾被立为太子，后因罪被废为庶人。⑰魏王泰：唐太宗第四子李泰，被封为魏王，后因谋夺太子之位被贬。⑱庶寮：即百官。亦作『庶僚』。⑲忠謇：忠诚正直。⑳宗社：宗庙社稷，泛指国家。㉑疹：病。㉒卧护：即『卧治』，卧病中治事。㉓薨：原指诸侯去世，后也指有爵位的高级官员去世。㉔殂逝：去世。㉕披迷：剖析迷惑。

**译文**

魏征，是河北巨鹿人。近世时举家迁居到相州的内黄。唐高宗武德末年，在李建成府中做太子洗马。他看到李世民与李建成兄弟暗地里在相互竞争，经常劝告李建成要早些做决断。唐太宗杀掉李建成之后，把魏征叫来斥责他说：『你曾经离间我们兄弟之间的关系，这是为什么？』众人都为魏征感到害怕。魏征慷慨自若，神情坦然地说：『皇太子如果听从了我的建议，一定不会有今天的灾祸。』唐太宗听后，因此改变了态度，给予他特别的礼遇，将他的官职升迁为谏议大夫。多次把他叫到内宫之中，向他询问治国之术。魏征非常富于治国的才华，性格又刚强正直，没有什么可以使他退缩。唐太宗每次与他交谈，从来没有感到过不心满意足。魏征也因为遇到了与自己心意相通的君主而感到高兴，全心全意恪尽职守。唐太宗又慰劳他说：『你前后对我劝谏了二百多件事，都达到了我的满意。如果不是你忠诚地为国家着想，怎么能够做到这种地步呢？』贞观三年（629年），魏征一步步地升任为秘书监，参与国家大事，他深谋远虑，对国家治理大有补益。唐太宗曾经对他说：『你从前的罪过比管仲射中了齐桓公的带钩要大，我任用你超过了齐桓公任用管仲，近世的君臣融洽默契，难道还有像我与你这样的吗？』贞观六年（632年），唐太



宗在九成宫设宴招待近臣，长孙无忌说：『王珪和魏征，当初都是辅佐李建成的，我看到了他们就像见到了仇人一样，没有想到今天却与他们一同在这里参加宴会。』唐太宗说：『魏征以前确实是我所仇视的人，但是他对自己的职责尽心尽力，有非常值得称道的地方。我能够把他提拔上来任用他，有什么对不起古代那些恩怨分明的义烈之士的呢？魏征每次都犯颜极谏，不容许我做错事，我因此而看重他。』魏征起身拜了两拜说：『陛下您引导我让我劝谏，我因此才敢说。如果陛下您不接受我的劝谏，我又怎么敢于违逆您的意愿，触及您的禁忌呢！』唐太宗非常高兴，每人赏赐了他们十五万钱。贞观七年（633年），魏征取代王珪成为侍中，加封为郑国公。不久之后，他因病要求辞去职位，请求做一个没有固定职事的散官。唐太宗说：『我从仇敌的队伍里把你选拔出来，托付给你关键而重要的职责，看到我有错误，没有一次不劝谏。你难道不明白这个道理吗？金子还在矿中的时候，有什么贵重的呢？好的冶炼工匠把它锻造为器物，就被人们所珍爱。我把自己比喻为金子，把你看做好的工匠。你现在虽然有病，但还没有衰老，难道会让你辞职吗？』魏征于是停止了请辞。后来，魏征又多次坚定地请求辞职，唐太宗接受了请求免去了他的侍中职务，改授为特进，仍然管理门下省的事务。贞观十二年（638年），唐太宗因为皇孙诞生，下诏赐宴于公卿大臣。皇帝心情非常好，对身边侍奉的大臣们说：『贞观以前，跟随我平定天下，出入于各种艰难危险的人中，房玄龄的功劳是无人能比的。贞观之后，对我竭尽心力，向我提出忠诚、正直的建议，安定国家，爱抚百姓，成就我今天的功业，为天下所称颂的人，只有魏征而已。古代的那些著名的大臣，哪一个能够超越他们呢？』于是，他亲自解下自己的佩刀，赐给了这两个人。后来被贬为庶人的承乾还在做太子的时候，不修德性，不思进取；魏王李泰日益受到宠爱，内外的百官群臣，对于他们目前的地位都有一些不同的看法。唐太宗听到风声后对此感到非常厌恶，对身边侍从的大臣说：

『在今天的朝臣之中，在忠诚正直方面没有比得过魏征的，我派魏征去做皇太子的师傅，用来断绝天下人的想法。』

贞观十七年（643年），于是授予魏征太子太师之职，仍然主管门下省的事务。魏征自己说身体有病，唐太宗对他说：『太子是宗庙社稷的根本，必须有老师教导他，所以选择品行端正的人，作为他的辅助。我知道你身体有病，可以一边养病一边做事。』魏征于是担任了这个职务。不久之后，得了重病。魏征的家里没有正堂，唐太宗当时正打算建一座小宫殿，于是就停下来用这些木材给魏征建正堂，五天就建成了。又派宫中的使节给魏征送去布被和没有染色的丝织品做的褥子，以顺从他的喜好。后来又过了几天，魏征去世了。唐太宗亲临吊唁，放声恸哭，追赠他为司空，谥号文贞。唐太宗亲自为他做了碑文，又亲自写到石头上。并专门赐给他们家实封食邑九百户。唐太宗后来又一次对身边侍从的大臣说：『用铜做镜子，可以端正衣冠；用历史做镜子，可以知道兴亡；用人做镜子，可以明白得失。我一直保有着这三面镜子，以防止自己的过错。如今魏征去世了，就是失去了一面镜子啊！』于是眼泪落下来，哭了好长时间。接着下诏说：『以前魏征在的时候，经常揭露我的过失。自从他过世之后，即使有过错也不能被发现。我难道是仅仅在过去犯错误，现在就处处都对吗？还是因为百官曲意顺从我，很难再触犯我的情绪呢！因此我打算使自己虚怀若谷以征求大家的意见，剖析自己的迷惑以求能够自我反省。如果大家说了我没有采纳，后果我甘心承担；我打算采纳却没有人来提建议，这是谁的责任呢？从今以后，你们应当拿出全部的诚意。如果我有做的对或不对的地方，直言相告，不要有所隐瞒。』

**评点** 弥勒佛像侧有副几乎尽人皆知的对联：『大肚能容容天下难容之事，笑口常开笑世上可笑之人。』一个人生活在世上，会遭遇数不清的恩恩怨怨，或由爱转恨，或由恩生仇，这都是难以避免的。当遇到这种情况的时候，达观的人可以做到宽大为怀，一笑置之，举贤不避仇，最终化敌为友。唐太宗和魏征君臣之间的情意，可以说是这个道理的最好注解。





王珪，太原祁县人也。武德中，为隐太子中允①，甚为建成所礼。后以连其阴谋事，流于嶲州。建成诛后，太宗即位，召拜谏议大夫。每推诚尽节，多所献纳。珪尝上封事②切谏，太宗谓曰：『卿所论皆中朕之失，自古人君莫不欲社稷永安，然而不得者，只为不闻己过，或闻而不能改故也。今朕有所失，卿能直言，朕复闻过能改，何虑社稷之不安乎？』太宗又尝谓珪曰：『卿若常居谏官，朕必永无过失。』顾待③益厚。贞观元年，迁黄门侍郎，参预政事，兼太子右庶子。二年，进拜侍中。时房玄龄、魏征、李靖、温彦博、戴胄与珪同知国政，尝因侍宴，太宗谓珪曰：『卿识鉴④精通，尤善谈论，自玄龄等，咸宜品藻⑤。又可自量孰与诸子贤。』对曰：『孜孜奉国，知无不为，臣不如玄龄。每以谏诤为心，耻君不及尧、舜，臣不如魏征。才兼文武，出将入相⑥，臣不如李靖。敷奏⑦详明，出纳⑧惟允，臣不如温彦博。处繁理剧，众务必举，臣不如戴胄。至于激浊扬清⑨，嫉恶好善，臣于数子，亦有一日之长⑩。』太宗深然其言，群公亦各以为尽己所怀，谓之确论⑪。

**注释** ①中允：太子属官，主管侍从礼仪等。②封事：为防泄密而密封的奏章。③顾待：照顾。④识鉴：见地和鉴别人才的能力。⑤品藻：品评，鉴定。⑥出将入相：出征可为将帅，入朝可为丞相，指兼有文武才能的人。⑦敷奏：向君上陈奏，报告。⑧出纳：向下传达帝王命令，向上反映下面意见。因帝王居于禁内，所以称为『出纳』。⑨激浊扬清：冲去污水，让清水上来。比喻清除坏的，发扬好的。⑩一日之长：意思是判断或处理事情有相当的能力。⑪确论：精确恰当的评论。

**译文** 王珪，是太原祁县人。唐高宗武德年间，他在李建成的宫中做太子中允，深得建成礼遇，后来因为受李建成阴谋作乱的事情所牵连，被流放到嶲州。李建成被杀之后，唐太宗即位，把他召回拜为谏议大夫。他对太宗以诚相待，竭心尽力，多次提供好的建议和意见。王珪曾经上机密的奏章极力劝谏，唐太宗对他说：『你所谈论的都恰好切中我的过失，自古以来，作为一国君主的人没有不想国家长治久安的，可是却做不到这一点的原因，就在于听不到别人指出自己的过失，或者听了之后也不能改正的缘故。如今我有过失，你能够直言指出，再加上我听了之后能够改正，还用得着忧虑国家不用安定吗？』唐太宗又曾经对王珪说：『你如果一直做谏官，我一定永远不会有过错。』于是对待他更加优厚。贞观元年（627年），升任黄门侍郎，参与国家大政方针的决策，兼任太子右庶子。贞观二年（628年），升迁为侍中。当时房玄龄、魏征、李靖、温彦博、戴胄与王珪一起执掌国家的大政，曾经因此而在太宗宴享时陪侍。太宗对王珪说：『你见识高明，精通于鉴别人才，尤其善于评论，从房玄龄以下这几个人，你都可以品评一下他们。也可以自己衡量一下，哪方面同他们比起来更高明。』王珪回答说：『勤奋不倦地为国事操劳，只要自己知道的就不会不去做，我不如房玄龄。心里时常想着直言劝谏，以自己的君主不如尧、舜贤明而感到羞耻，我不如魏征。文韬武略兼备，出征可为将帅，入朝



可为宰相，我不如李靖。陈奏报告详细清楚，上传下达准确合理，我不如温彦博。处理繁多而急切的事务，件件事情都办得有条有理，我不如戴胄。至于激浊扬清，去恶扬善，我与各位比起来，也是有些长处的。』唐太宗认为他说得很对，各位大臣也都觉得非常切合自己的实际情况，称赞他评论精确而恰当。

**评点** 王珪对自己的评价可以说客观而深刻。俗话说：金无足赤，人无完人；寸有所长，尺有所短。每一个人都有缺点和优点。而在用人方面，不能要求所用的每个人都十分完美，明智的做法是根据每个人的情况，用其所长，不计小过，做到人尽其材。否则，便会因小失大，白白失去选择贤才的许多良机。

李靖，京兆三原人也。大业①末，为马邑郡丞。会高祖为太原留守，靖观察高祖，知有四方之志，因自锁上变②，诣江都③。至长安，道塞不能而止。高祖克京城，执靖，将斩之，靖大呼曰：『公起义兵除暴乱，不欲就大事，而以私怨斩壮士乎？』太宗亦加救靖，高祖遂舍之。武德中，以平萧铣、辅公祏④功，历迁扬州大都督府长史。太宗嗣位，召拜刑部尚书。贞观二年，以本官检校中书令。三年，转兵部尚书，为代州行军总管，进击突厥定襄城，破之。突厥诸部落俱走碛北⑤，北擒隋齐王暕之子杨道政，及炀帝萧后，送于长安。突利可汗来降，颉利可汗仅以身遁。太宗谓曰：『昔李陵提步卒五千，不免身降匈奴，尚得名书竹帛。卿以三千轻骑，深入虏庭⑥，克复定襄，

威振北狄，实古今未有，足报往年渭水之役⑦矣。』以功进封代国公。此后，颉利可汗大惧，四年，退保铁山，遣使入朝谢罪，请举国内附⑧。又以靖为定襄道行军总管，往迎颉利。颉利虽外请降，而心怀疑贰⑨。诏遣鸿胪卿唐俭、摄户部尚书将军安修仁慰谕⑩之，靖谓副将张公谨曰：『诏使到彼，虏必自宽，乃选精骑赍二十日粮，引兵自白道袭之。』公谨曰：『既许其降，诏使在彼，未宜讨击。』靖曰：『此兵机也，时不可失。』遂督军疾进。行至阴山，遇其斥候⑪千余帐⑫，皆俘以随军。颉利见使者甚悦，不虞官兵至也。靖前锋乘雾而行，去其牙帐⑬七里，颉利始觉，列兵未及成阵，单马轻走⑭，虏众因而溃散。斩万余级，杀其妻隋义成公主，俘男女十余万，斥土⑮界自阴山至于大漠，遂灭其国。寻获颉利可汗于别部落，余众悉降。太宗大悦，顾谓侍臣曰：『朕闻主忧臣辱，主辱臣死。往者国家草创，突厥强梁⑯，太上皇以百姓之故，称臣于颉利，朕未尝不痛心疾首，志灭匈奴，坐不安席，食不甘味。今者暂动偏师⑰，无往不捷，单于稽颡⑱，耻其雪乎！』群臣皆称万岁。寻拜靖光禄大夫、尚书右仆射，赐实封五百户。又为西海道行军大总管，征吐谷浑，大破其国。改封卫国公。及靖身亡，有诏许坟茔制度依汉卫、霍故事⑲，筑阙象突厥内燕然山、吐谷浑内碛石二山⑳，以旌㉑殊绩㉒。



注释

①大业：隋炀帝年号。②上变：向朝廷告发谋反等非常性的事变。如胡三省注《资治通鉴·汉高帝九年》『乃上变告之』云：『变，非常也。谓上告非常之事。』③江都：今江苏扬州。隋炀帝曾到此巡游，并在这里被部将杀死。④萧铣、辅公祏：均为隋末起义领袖。萧铣曾据有长江中下游一带，自号梁王，被唐军所败。辅公祏与杜伏威一同率领江淮起义军，转战南北，619年同杜伏威一起降唐，被任命为淮南道行台尚书左仆射，封舒国公，623年又起兵反唐，并在丹阳称帝，后被李孝恭、李靖等率兵剿灭。⑤碛北：指蒙古高原大沙漠以北地区。碛：音qì，浅水中的沙堆，引申为沙漠。⑥虏庭：古代对少数民族所建立的政权的贬称。又作『虏廷』。⑦渭水之役：武德九年（626年），颉利可汗背负先前与唐订立的盟约，率军进攻泾州、武功等地，直逼唐都长安。李世民出城隔渭水与颉利可汗答话，并在渭水便桥上签订合约，突厥兵这才退走。因当时唐朝初建，天下未定，无力与突厥抗衡，只得采取忍让政策，被唐太宗当做耻辱。⑧内附：归附朝廷。⑨疑贰：猜忌，异心。⑩慰谕：抚慰，宽慰晓谕。又作『慰喻』。⑪斥候：指侦察、候望的人。⑫帐：这里是古代游牧民族计算人户的单位。因游牧民族逐水草而居，每户住一顶帐篷，故按帐计人户数。⑬牙帐：将帅所居的营帐，因前建牙旗，故名『牙帐』。⑭轻走：迅疾逃跑。⑮斥土：开拓土地。⑯强梁：强劲，强横。⑰偏师：指主力军以外的军队。⑱稽颡：古代一种跪拜礼，屈膝下拜，以额触地，表示极度的虔诚。这里指诚心归降。⑲坟茔制度依汉卫、霍故事：『卫、霍』即卫青、霍去病，汉代名将，在对匈奴作战中功勋卓著。卫青去世之后，汉武帝命人把卫青的坟墓修建成匈奴境内的庐山的样子，以表彰卫青一生的赫赫战功。霍去病去世之后，汉武帝同样下令将他的坟墓修成祁连山的模样，以彰显他击败匈奴的功绩。⑳突厥内燕然山、吐谷浑内碛石二山：燕然山这里指突厥境内的铁山，在今内蒙古阴山北部；碛石即吐谷浑境内的积石山，在今青海东南。㉑旌：表彰。㉒殊绩：突出的功绩。

**译文** 李靖，是京兆三原人。隋炀帝大业末年，在马邑当郡丞。那时候唐高宗李渊还在做太原留守，李靖通过观察李渊这个人，知道他有统治天下的志向，因此自己封锁了关隘并到朝廷去告发李渊将要谋反，打算到江都去。走到长安的时候，因道路被堵塞而停了下来。唐高宗攻克了长安，抓住了李靖，将要杀掉他，李靖大喊道：『您组织起正义的军队来剪除暴虐昏乱，不打算去成就大事，反而因为个人的怨愤而要杀掉一个壮士吗？』唐太宗也设法搭救李靖，李渊于是放了他。唐高宗武德年间，因为平定萧铣、辅公祏有功，数次提升后做了扬州大都督府长史。唐太宗即位之后，把他召到京城任命为刑部尚书。贞观二年（628年），在原来官职的基础上兼为检校中书令。贞观三年（629年），转任为兵部尚书，并任命他为代州行军总管，率军进击突厥的定襄城，将城攻破。突厥各个部落都逃到了大漠以北，从北方抓来了隋朝齐王杨暕的儿子杨道政，以及隋炀帝的萧皇后，送到了都城长安。突利可汗前来归降，颉利可汗也仅仅只身逃脱。唐太宗说：『当年汉代的李陵率领5000名步兵同匈奴作战，也不免战败投降的下场，即使这样也仍然能够得以青史留名。你率领3000轻骑兵，深入突厥的腹地，收复了定襄，威震北方的各民族，实在是古今所没有过的功绩，足以报我当年渭水战役的仇恨了。』因为军功加封李靖为代国公。从此之后，颉利可汗非常惶恐，贞观四年（630年），退兵据守铁山，派使者到朝廷请罪，要求全国归顺。唐太宗又命李靖为定襄道行军总管，前往迎接颉利可汗。颉利可汗虽然表面上请求归降，但是心里却怀疑猜忌和贰心。唐太宗派鸿胪卿唐俭、摄户部尚书将军安修仁前去抚慰晓谕他，李靖对副将张公谨说：『皇帝下诏让使者到突厥去，敌人自己一定会松懈下来，我们可以挑选精锐骑兵，带二十天的粮食，发兵从白道去袭击他们。』张公谨说：『既然已经同意了他们请降，并且有皇帝亲派的使者在那里，不宜攻打。』李靖说：『这是战机啊，这样的时机是不能失去的。』于是指挥军队快速行军。人马走到阴山的时候，正遇上1000多户为颉利可汗担任侦查任务的突厥人，李靖都把他们俘虏了随着唐军一同前进。颉利可汗看到唐朝的使者来了，非常高兴，没有想到唐朝的官军会来。李靖的前锋部队以大雾做隐蔽行军，到了离颉利可汗的大帐只有七里远的地方，颉利可汗才发觉，已经来不及将队伍组织成阵列了，只得单人独骑迅速逃走，突厥的人马因而四散奔逃。这一仗杀了突厥一万多人，并杀掉了颉利可汗的妻子隋朝的义成公主，俘获了十多万人，开拓了从阴山一直到大沙漠的疆土，于是突厥的国家被消灭了。不久之后又从其他部落抓住了颉利可汗，剩余的突厥人也都投降了。唐太宗很高兴，对身边侍从的大臣说：『我听说君主如果有忧患，臣下就会感到羞辱，君主如果感到羞耻，臣下就会尽死力为其洗雪。当初国家刚刚建立，突厥势力强大，太上皇为了要安定百姓的原因，向颉利可汗称臣，我无时无刻不为此事痛心疾首，立志要消灭它，并为此而坐不安席，食不甘味。如今刚刚调动了并非主力的军队，就无往不胜，突厥的单于虔诚归顺，这个耻辱算是得到洗雪了吧！』群臣听后都高呼万岁。不久之后任命李靖为光禄大夫、尚书右仆射，赐给食邑实封五百户。又任命他为西海道行军大总管，征讨吐谷浑，将其大败。李靖被改封为卫国公。等到李靖去世之后，皇帝下诏书准许他的墓葬依照汉代名将卫青、霍去病的旧例，在墓前筑起两座像突厥境内的铁山、吐谷浑境内的积石山一样的石牌坊，来表彰他的特殊功绩。

**评点** 李靖是中国历史上的名将，除了赫赫战功之外，《唐太宗李卫公问对》也是传统兵家最重要的代表作之一。从他的事迹看，他不但在军事指挥上有才能，而且做人的谋略也是值得称道的。

**虞世南，会稽余姚人也。贞观初，太宗引①为上客，因开文馆，馆中号为多士②，咸推世南为文学③之宗④。授以记室，与房玄龄对掌⑤文翰⑥。**

尝命写《列女传》以装屏风，于时无本，世南暗书⑦之，一无遗失。贞观七年，累迁秘书监。太宗每机务⑧之隙，引之谈论，共观⑨经史。世南虽容貌懦弱，如不胜衣，而志性抗烈⑩，每论及古先帝王为政得失，必存规讽⑪，多所补益。及高祖晏驾⑫，太宗执丧⑬过礼，哀容毁悴⑭，久替万机⑮，文武百寮⑯，计无所出，世南每入进谏，太宗甚嘉纳⑰之，益所亲礼。尝谓侍臣曰：『朕因暇日，每与虞世南商榷古今。朕有一言之善，世南未尝不悦；有一言之失，未尝不怅恨。其恳诚若此，朕用嘉焉。群臣皆若世南，天下何忧不治？』太宗尝称世南有五绝：一曰德行，二曰忠直，三曰博学，四曰词藻⑱，五曰书翰⑲。及卒，太宗举哀于别次⑳，哭之甚恸。丧事官给，仍赐以东园秘器㉑，赠礼部尚书，谥曰文懿。太宗手敕魏王泰曰：『虞世南于我，犹一体也。拾遗补阙㉒，无日暂忘，实当代名臣，人伦准的㉓。吾有小善，必将顺而成之；吾有小失，必犯颜而谏之。今其云亡㉔，石渠、东观㉕之中，无复人矣，痛惜岂可言耶！』未几，太宗为诗一篇，追思往古理乱之道，既而叹曰：『钟子期死，伯牙不复鼓琴㉖。朕之此篇，将何所示？』因令起居褚遂良诣其灵帐㉗读讫焚之，其悲悼也若此。又令与房玄龄、长孙无忌、杜如晦、李靖等二十四人，图形于凌烟阁㉘。

**注释**

①引：招致。②多士：众多贤士。③文学：文才，才学。④宗：指造诣高深、成果卓著为众人所师法的人物。如宗师、宗匠。⑤对掌：共同执掌。⑥文翰：这里指公文、书信等。⑦暗书：默写。⑧机务：机要事务，代指军国大事。⑨共观：这里指一同探讨。⑩抗烈：激昂，高亢激烈。⑪规讽：规谏讽喻。⑫晏驾：原意为车驾晚出，古代用作帝王死亡的讳辞。《史记·范睢蔡泽列传》有：『宫车一日晏驾，是事之不可知者一也。』裴骃《集解》引韦昭曰：『凡初崩为「晏驾」者，臣子之心犹谓宫车当驾而晚出。』⑬执丧：奉行丧礼，守孝。⑭毁悴：因居丧过哀而憔悴。⑮久替万机：把各种国家事务都长期废弃了。替：松弛，怠惰，废弃。万机：指需要处理的各种政务。⑯百寮：百官。⑰嘉纳：（上级对下级的意见或建议）赞许并采纳。⑱词藻：原意为诗文中用作修辞的典故或工巧有文采的词语，这里指辞赋。⑲书翰：文墨、书法。⑳别次：即别第，正宅以外的住所。㉑东园秘器：皇室、显宦死后用的棺材。《汉旧仪》中说：『东园秘器作棺梓，素木长二丈，崇广四尺。』东园：官署名，掌管陵墓内器物、葬具的制造与供应。秘器：棺材。㉒拾遗补阙：补正他人的过失与缺点。㉓准的：原意为箭靶，引申为准则、标准。准、的：都是指箭靶。㉔云亡：死亡。㉕石渠、东观：宫中藏书之所。石渠：西汉皇室藏书之处，在长安未央宫殿北。东观：东汉洛阳南宫内观名，章、和二帝时为皇宫藏书之府。㉖钟子期死，伯牙不复鼓琴：《吕氏春秋·本味》记载：『伯牙鼓琴，钟子期听之，方鼓琴而志在高山，钟子期曰：「善哉乎鼓琴，巍巍乎若泰山。」少选之间而志在流水，钟子期又曰：「善哉乎鼓琴，汤汤乎若流水。」钟子期死，伯牙破琴绝弦，终生不复鼓琴，以为世无足复为鼓琴者。』㉗灵帐：灵堂内设置的帐幕。㉘图形于凌烟阁：古代为表彰功臣而建筑的绘有功臣图像的高阁。北周庾信《周柱国大将军纥干弘神道碑》就有：『天子画凌烟之阁，言念旧臣；出平乐之宫，实思贤傅。』唐太宗画功臣像于凌烟阁之事在贞观十七年（643年）。刘肃《大唐新语·褒锡》

记载：『贞观十七年，太宗图画太原倡义及秦府功臣赵公长孙无忌、河间王孝恭、蔡公杜如晦、郑公魏征、梁公房玄龄、申公高士廉、鄂公尉迟敬德、郧公张亮、陈公侯君集、卢公程知节、永兴公虞世南、渝公刘政会、莒公唐俭、英公李勣、胡公秦叔宝等二十四人于凌烟阁，太宗亲为之赞，褚遂良题阁，阎立本画。』

**译文** 虞世南，是会稽余姚人。贞观初年，唐太宗把他招致而来，待为上宾，因此而开设了文馆，当时馆中号称贤士众多，都推举虞世南为才学最高者。唐太宗把他任命为记室，与房玄龄一起掌管公文信札。唐太宗曾经让他书写《列女传》用来装饰屏风，当时没有底本可以参照，虞世南就默写了出来，一点差错都没有。贞观七年（633年），逐渐升迁至秘书监。唐太宗每当处理公务的闲暇，都把他招来谈论，一起探讨经史中的问题。虞世南虽然长相孱弱，好像连衣服都穿不起来一样，但是性情高亢激烈，每每谈论到古代帝王治理国家的得失，一定要有所规谏讽喻，对唐太宗增益很多。等到唐高宗去世，唐太宗守丧超过了礼制的规定，容貌因悲伤而过于憔悴，很长时期都废弃了政事的处理，文武百官，对此都没有想出好办法，虞世南每次进去劝谏，唐太宗都非常赞赏并采纳他的建议，对他更加亲近和礼貌。唐太宗曾经对身边侍从的大臣说：『我在闲暇的时候，经常与虞世南一起谈古论今。我如果有一句话说得好，虞世南一定会非常高兴；有一句话说错了，一定会惆怅怨愤。他为人诚恳到这种程度，我因此而赞赏他。诸位大臣如果都像虞世南一样，还用忧虑天下治理不好吗？』唐太宗曾经称赞虞世南有『五绝』：一是端正的德行，二是忠直的性情，三是广博的学才，四是优美的辞赋，五是出众的书法。虞世南去世之后，唐太宗在别第进行哀悼，哭得非常悲痛。虞世南的丧葬由官府开支，并赐给他棺木，追赠为礼部尚书，谥号文懿。唐太宗亲手写了一份诏书给魏王李泰说：『虞世南同我，就如同一个人一样。补正我的缺点和过失，从来没有遗忘过，确实是当今的名臣作为的标准。我有小的优点，他一定会顺应并助成它；我有小的缺点，他一定会不顾情面直言劝谏。如今他去世了，石渠、东观之中，不再有这样的人了，我的悲痛、惋惜之情怎么能够用言语表达呢！』不久之后，唐太宗做了一首诗，追思古代天下治理和混乱的一般规律，接着感叹道：『钟子期死了，伯牙就不再弹琴。我做的这首诗，还能给谁看呢？』于是命令起居郎褚遂良到虞世南的灵帐之中，把诗读完之后焚毁了，他的悲痛伤悼之情到了这种程度。唐太宗又命人将虞世南与房玄龄、长孙无忌、杜如晦、李靖等二十四个人的图像，画到了凌烟阁上。



**评点** 虞世南被戈直称为『德行忠直文章之士，唐兴之儒臣』，他的『五绝』是一般人很难全部具有的，他与唐太宗的情意，也是历史上的一段佳话。

李勣，曹州离狐人也。本姓徐，初仕李密①，为左武侯大将军。密后为王世充②所破，拥众归国③，勣犹据密旧境十郡之地。武德二年，谓长史郭孝恪曰：『魏公既归大唐，今此人众土地，魏公所有也。吾若上表献之，则是利主之败，自为己功，以邀富贵，是吾所耻。今宜具录州县及军人户口，总启④魏公，听公自献，此则魏公之功也，不亦可乎？』乃遣使启密。使人初至，高祖闻无表，惟有启与密，甚怪之。使者以勣意闻奏⑤，高祖方大喜曰：『徐勣感德推功，实纯臣⑥也。』拜黎州总管，赐姓李氏，附属籍于宗正⑦。封其父盖为济阴王，固辞王爵，乃封舒国公，授散骑常侍。寻加勣右武侯大将军。及李密反叛伏诛，勣发丧行服⑧，备君臣之礼，表请收葬。高祖遂归其尸。于是大具威仪⑨，三军缟素⑩，葬于黎阳山。礼成，释服而散，朝野义之。寻为窦建德所攻，陷于建德，又自拔归京师。从太宗征王世充、窦建德，平之。贞观元年，拜并州都督，令行禁止，号为称职，突厥甚加畏惮。太宗谓侍臣曰：『隋炀帝不解精选贤良，镇抚边境，惟远筑长城，广屯将士，以备突厥，而情识⑪之惑，一至于此。朕今委任李勣于并州，遂得突厥畏威远遁，塞垣⑫安静，岂不胜数千里长城耶？』其后并州改置大都督府，又以勣为长史，累封英国公。在并州凡十六年，召拜兵部尚书，兼知政事。勣时遇暴疾⑬，验方⑭云须灰可以疗之，太宗自剪须为其和药。勣顿首见血，泣以陈谢。太宗曰：『吾为社稷计耳，不烦深谢。』十七年，高宗居春宫，转太子詹事，加特进，仍知政事。太宗又尝宴，顾勣曰：『朕将属⑮以孤幼⑯，思之无越卿者。公往不遗于李密，今岂负于朕哉！』勣雪涕⑰致辞⑱，因噬指流血。俄沉醉，御服覆之，其见委信⑲如此。勣每行军，用师筹算，临敌应变，动合事机。自贞观以来，讨击突厥、颉利及薛延陀、高丽等，并大破之。太宗尝曰：『李靖、李勣二人，古之韩、白、卫、霍⑳岂能及也！』









## 注释

①李密：隋末起义军瓦岗军的首领，称魏公。②王世充：隋末割据军阀，隋炀帝死后先是在洛阳拥立杨侗为帝，后又废掉杨侗称帝，国号郑。③拥众归国：指率领部众降唐。④启：陈奏。⑤闻奏：即奏闻，臣下将事情报告给帝王。⑥纯臣：忠心无二之臣。⑦附属籍于宗正：将户籍归于王室亲族之中。属籍：户籍。宗正：掌管王室亲族事务的职官。⑧行服：穿孝服居丧。⑨威仪：古代祭享等典礼中的动作仪节及待人接物的礼仪。《礼记·中庸》中有：『礼仪三百，威仪三千。』⑩缟素：白色丧服。⑪情识：才情与见识。⑫塞垣：本指汉代为抵御鲜卑所设的边塞，后泛指北方边境。⑬暴疾：突然发作的疾病。⑭验方：临床经验证明确实有疗效的现成药方。⑮属：同『嘱』，嘱咐，托付。⑯孤幼：年幼的孤儿。⑰雪涕：擦拭眼泪。⑱致辞：用语言表达自己的思想感情。⑲委信：委任信赖。⑳韩、白、卫、霍：韩信、白起、卫青、霍去病，均为秦汉时的名将。

## 译文

李勣，是曹州离狐人。他原本姓徐，最初的时候在李密手下做官，为左武侯大将军。李密被王世充打败，率领部众降唐，李勣仍然占据着李密原来所统治的十个郡的土地。武德二年（619年），李勣对长史郭孝恪说：『魏公李密已经投降大唐了，现在这些人马和土地，都是属于魏公的。如果我上表将其献给大唐，这是从主公的失败中获取利益，自己当做自己的功劳，以换取富贵利禄，这是我耻于去做的。如今应当把各州各县的钱粮土地、军马人口等全都统计清楚，一并陈奏给魏公，让魏公自己献出来，这就是魏公的功劳，这样做不也可以吗？』于是他派使者去向李密陈奏。使者刚到的时候，唐高宗听说没有表章，只有送给李密的书信，非常奇怪。使者把李勣的意图陈奏给唐高宗，高祖这才非常高兴，说：『徐勣感怀恩德推让功劳，真是一个真心不二之臣啊。』于是任命他为黎州总管，赐姓李，将他的户籍纳入王室亲族之中。又封他的父亲李盖为济阴王，因其坚定地推辞王爵，于是改封舒国公，授予散骑常侍之职。不久之后加封李勣为右武侯大将军。后来李密反叛被杀，李勣为他举行丧礼并穿孝服居丧，完全按照君臣之间的礼节，并上表请求将李密的尸体收殓入葬。唐高宗就把李密的尸体给了他。李勣于是大张旗鼓地举行了丧葬仪式，全军上下都穿起白色的丧服，将李密埋葬在黎阳山。丧葬礼仪全部完成之后，脱下丧服让大家结束了仪式，朝野之间都评价他很仗义。不久李勣被窦建德攻击，被窦建德所俘，他又自己逃脱出来回到京城。李勣跟随唐太宗征讨王世充、窦建德，把他们都消灭了。贞观元年（627年），他被任命为并州都督，号令严明，令行禁止，被人们称赞为称职，突厥对他非常畏惧。唐太宗对身边侍从的大臣说：『隋炀帝不知道精心挑选贤才良将镇守边境的道理，只是在远处修建长城，多布置军队，以此来防范突厥，才情和见识糊涂到这种地步。我如今委派李勣在并州镇守，于是突厥人害怕他威名而远远地逃走了，北方的边境得以安宁，这难道不比几千里长城更有用吗？』后来，并州改设为大都督府，又任命李勣为长史，加封为英国公。李勣在并州十六年后，召回京城任命为兵部尚书，同时参与管理国家大事。李勣有一次突然得了重病，验方上说胡须烧成灰可以治这种病，唐太宗剪下了自己的胡须为他配药。李勣磕头以至于流血，哭泣着表达感激之情。唐太宗说：『我这样做是为国家考虑，不要这样感谢。』贞观十七年（643年），唐高宗李治还是太子，李勣转任为太子詹事，加封为特进，仍然参与管理国家大事。唐太宗曾经在一次宴会上对李勣说：『我想托付个人在我死后照顾我年幼的孩子，考虑了一下没有比你更合适的。你从前的时候不忘记李密，如今难道会辜负我吗？』李勣一边擦着眼泪一边回话，结果把手指咬破流出血来。过了一会儿他喝得大醉，唐太宗把自己的衣服盖在他身上，由此可见对他的委任和信赖达到何种程度。李勣每次指挥军队，用兵作战精心筹划，遇到敌人随机应变，军队行动符合战机。从唐太宗即位之后，先后征讨突厥、颉利和薛延陀、高丽等，都把他们完全击败。唐太宗曾经说：『李靖、李勣这两个人，古代的韩信、白起、卫青、霍去病怎么能赶得上呢！』







评点　唐初名将如云，李勣能够在其中特立超群，除了他的军事才能之外，忠诚正直的人品也是重要的原因。

**马周，博州茌平人也。贞观五年，至京师，舍①于中郎将常何之家。时太宗令百官上书言得失，周为何陈便宜②二十余事，令奏之，事皆合旨。太宗怪其能，问何，何对曰：『此非臣所发意③，乃臣家客马周也。』太宗即日召之，未至间，凡四度遣使催促。及谒见，与语甚悦。令直④门下省，授监察御史，累除中书舍人。周有机辩，能敷奏，深识事端，故动无不中。太宗尝曰：『我于马周，暂时不见，则便思之。』十八年，历迁中书令，兼太子左庶子，周既职兼两宫，处事平允，甚获当时之誉。又以本官摄吏部尚书。太宗尝谓侍臣曰：『周见事敏速，性甚慎至。至于论量人物，直道而言，朕比任使之，多称朕意。既写⑤忠诚，亲附于朕，实藉此人，共康⑥时政也。』**

注释　①舍：住宿。②便宜：有利于国家、合乎时宜之事。便：音biàn。③发意：提议。④直：当值。⑤写：抒发，倾吐。⑥康：使安定。

译文　马周，是博州茌平人。贞观五年（631年），马周来到京城，住在中郎将常何家里。恰逢唐太宗命令百官上书评论政事得失，马周对常何陈述了有利于国家、合乎时宜的二十多件事，让常何上奏，每一件事都合乎皇帝的心意。

唐太宗对常何的才能感到奇怪，便问常何，常何回答说：『这不是出于我的想法，是我家的客人马周的。』唐太宗当天就召见马周，在马周还没有到达期间，曾经四次派人去催促。等到马周前来拜见，两人谈论得非常愉快。唐太宗命马周到门下省当值，并任命他为监察御史，多次提拔之后任命为中书舍人。马周为人机智而有辩才，善于陈奏，对事情了解深入，所以行动没有不恰当合理的。唐太宗曾经说：『我对于马周，一时看不见，就会想他。』贞观十八年（644年），官职升到中书令，兼任太子左庶子，马周已经身兼两宫的职务，但因处事公平适度，深得当时人们的赞誉。后又在原有官职基础上兼任吏部尚书。唐太宗曾经对侍从的大臣说：『马周判断事务敏锐迅速，性情极端谨慎，至于议论和品评人物，都能够据实直言，我近来据他的评判任用的人，大多符合我的心意。他既然能把忠诚之心表现出来，并且对我又很亲近，我确实应当依赖这个人，共同使国家的秩序安定。』

**评点**　马周的任用可以说是唐太宗不拘一格选人才的一个代表，历来受后世所称颂。

## 求谏第四

太宗威容俨肃①，百僚进见者，皆失其举措。太宗知其若此，每见人奏事，必假颜色，冀闻谏诤，知政教得失。贞观初，尝谓公卿曰：『人欲自照，必须明镜；主欲知过，必藉忠臣。主若自贤，臣不匡正，欲不危败，岂可得乎？故君失其国，臣亦不能独全其家。至于隋炀帝暴虐，臣下钳口②，卒令不闻其过，遂至灭亡，虞世基等，寻亦诛死。前事不远，公等每看事有不利于人③，必须极言规谏。』







**注释**　①威容俨肃：仪容庄重严肃。威容：仪容庄重；俨肃：庄重严肃。②钳口：闭口。③不利于人：即『不利于民』，因避李世民讳，称『民』为『人』。

**译文**　唐太宗仪容庄重严肃，百官前去进见，都紧张得手足无措。唐太宗知道这种状况，每当见到有人陈奏事宜，一定会装作和颜悦色，希望能够听到直言劝谏，了解政治和教化的得失。贞观初年，他曾经对大臣说：『人如果打算照见自己，一定要借助明镜；君主如果打算知道自己的过失，一定要借助忠臣。君主如果自以为贤明，大臣们不去匡正他，即使想不危险败亡，难道能做得到吗？君主如果丧失了他的国家，大臣们也不能独自保全自己的家庭。以至于像隋炀帝一样暴虐，大臣们都闭口不言，最终也让他听不到别人提出自己的过错，于是导致了灭亡，虞世基等人，不久也被杀掉。前人的教训就在眼前，你们如果一旦看到有不利于老百姓的事情，一定要尽力直言劝谏。』

**评点**　俗话说，『三个臭皮匠，顶个诸葛亮』，『一个好汉三个帮』，一个人如果刚愎自用、自以为是，自身的水平再高，肯定也不会成就大事。历史上成就大业者，无不是有一批相处融洽且相互信任的股肱耳目。

贞观元年，太宗谓侍臣曰：『正主任邪臣，不能致理；正臣事邪主，亦不能致理。惟君臣相遇①，有同鱼水，则海内可安。朕虽不明，幸诸公数相匡救，冀凭直言鲠议②，致天下太平。』谏议大夫王珪对曰：『臣闻，木从绳则正，后从谏则圣③。是故古者圣主必有争臣七人④，言而不用，则相继以死。陛下开圣虑⑤，纳刍荛，愚臣处不讳之朝⑥，实愿罄其狂瞽⑦。』太宗称善，诏令自是宰相入内平章国计⑧，必使谏官随入，预闻⑨政事。有所开说⑩，必虚己纳之。

**注释**

①相遇：相合。②鲠议：刚直的议论。③木从绳则正，后从谏则圣：出自《尚书·说命》。从：依据。绳：墨线。后：君主。④古者圣主必有争臣七人：《孝经·谏争》中有：『昔者天子有争臣七人，虽无道，不失其天下。』争臣：能直言诤谏的大臣。争，通『诤』。⑤圣虑：帝王的思虑。⑥不讳之朝：可直言不讳的朝代，比喻政治清明之世。⑦狂瞽：自谦之辞，愚妄无知。⑧平章国计：商量国家大事。平章：商量，评议。国计：治国的方针大计。⑨预闻：参与并了解。⑩开说：进言，陈述，阐发解说。

**译文**

贞观元年（627年），唐太宗对身边侍从的大臣说：『正直的君主任用奸邪的大臣，不能把国家治理好；正直的大臣侍奉奸邪的君主，也不能把国家治理好。只有君主和大臣相合，和谐得如同鱼和水一样，国家才可以安定。我虽然不贤明，幸亏有你们数次予以匡正补救，我希望凭借你们的直言进谏和刚直议论，实现天下太平。』谏议大夫王珪回答说：『我听说，木头依照墨线削斫就能够方正，君主听从劝谏就能够圣明。所以古代圣明的君主一定有七个能够直言诤谏的大臣，如果进言不被采纳，就一个接一个以死相劝。陛下您同众人一起思虑，采纳地位低贱的人的建议，像我这般愚钝的臣子处在可以直言不讳之世，情愿将我们愚妄无知的意见都倾吐出来。』唐太宗称赞他说得好，下令从此之后宰相入朝商量国家大事，一定要让谏官跟随入宫，参与并了解各项国家治理措施。如果有建议要陈述，一定虚心采纳。

**评点**

唐太宗李世民身边有一批敢于直谏的贤臣，即使过激的批评也能从善如流。结果取得了大唐『贞观之治』





的辉煌。相反，东汉末年『据地数千里，带兵十余万』的刘表，『有才不能用，闻善而不能纳』，即使是和风细雨的建议也不愿入耳，终于由盛转衰，很快为曹操所灭。历史和现实的经验告诉我们，善于听取批评意见，不断改正缺点错误，是关系成败的大事，不可掉以轻心，漠然处之。

贞观二年，太宗谓侍臣曰：『明主思短而益善，暗主护短而永愚。隋炀帝好自矜夸，护短拒谏，诚亦实难犯忤①。虞世基不敢直言，或恐②未为深罪。昔箕子佯狂③自全，孔子亦称其仁④。及炀帝被杀，世基合同死否？』杜如晦对曰：『天子有诤臣，虽无道，不失其天下。仲尼称：「直哉史鱼，邦有道如矢，邦无道如矢。」⑤世基岂得以炀帝无道，不纳谏诤，遂杜口⑥无言？偷安重位，又不能辞职请退，则与箕子佯狂而去，事理不同。昔晋惠帝贾后将废愍怀太子⑦，司空张华竟不能苦争，阿意苟免。及赵王伦举兵废后，遣使收华，华曰：「将废太子日，非是无言，当时不被纳用。」其使曰：「公为三公⑧，太子无罪被废，言既不从，何不引身而退？」华无辞以答，遂斩之，夷其三族⑨。古人有云：「危而不持，颠而不扶，则将焉用彼相？」故「君子临大节而不可夺也」⑩。张华既抗直不能成节，逊言⑪不足全身，王臣之节固已坠矣。虞世基位居宰辅，在得言之地，竟无一言谏诤，诚亦合死。』太宗曰：『公言是也。人君必须忠良辅弼，乃得身安国宁。炀帝岂不以下无忠臣，身不闻过，恶积祸盈⑫，灭亡斯及！若人主所行不当，臣下又无匡谏，苟在阿顺，事皆称美，则君为暗主，臣为谀臣，君暗臣谀，危亡不远。朕今志在君臣上下，各尽至公，共相切磋，以成治道。公等各宜务尽忠谠，匡救朕恶，终不以直言忤意，辄相责怒⑬。』

**注释**

①犯忤：冒犯违逆。②或恐：也许，可能。③箕子佯狂：箕子是商纣王的叔叔，因商纣王暴虐无道，箕子劝谏不听，于是假装疯癫。④孔子亦称其仁：《论语·微子》中说：『微子去之，箕子为之奴，比干谏而死。孔子曰：「殷有三仁焉！」』⑤仲尼称：『直哉史鱼，邦有道如矢，邦无道如矢。』：出自《论语·卫灵公》。史鱼：又称史鳅，春秋时卫国大夫。《韩诗外传·卷七》中记载：『昔者卫大夫史鱼病，且死，谓其子曰：「我数言蘧伯玉之贤而不能进，弥子瑕不肖而不能退。为人臣，生不能进贤而退不肖，死不当治丧正堂，殡我于室足矣。」卫君吊，问其故，子以父言闻。君遽然召蘧伯玉而贵之，而退弥子瑕，徙殡于正堂，成礼而后去。生以身谏，死以尸谏，可谓直矣。』⑥杜口：闭口，不说话。⑦晋惠帝贾后将废愍怀太子：晋惠帝是晋武帝司马炎的儿子，名司马衷，天生痴呆。贾后名贾南风，西晋大臣贾充的女儿，因惠帝痴呆，她专权达十年之久，后在『八王之乱』中被杀。愍怀太子，名司马遹，晋惠帝的儿子，被贾后所杀，谥号『愍怀』。⑧三公：古代中央三种最高官衔的合称，历代有所不同。有的朝代以太师、太傅、太保为三公，有的朝代以丞相、太尉、御史大夫为三公，有的朝代又以大司马、大司徒、大司空或太尉、司徒、司空为三公。⑨三族：何谓『三族』，古代有几种不同的说法。一说指父、子、孙。如郑玄注《周礼·春官·小宗伯》『掌三族之别，以辨亲疏』说：『三族，谓父、子、孙。』一说指父族、母族、妻族。如卢辩注《大戴礼记·保傅》『三族辅之』说：『三族，父族、母族、妻族。』成玄英疏《庄子·徐无鬼》『夫与国君同食，泽及三族，而况父母乎！』也说：『三族，谓父母族、妻族也。』一说指父母、兄弟、妻子。如《史记·秦本纪》有：『法初有三族之罪。』裴骃《集解》引张晏曰：『父母、兄弟、妻子也。』⑩君子临大节而不可夺也：出自《论语·泰伯》：『曾子曰：「可以托六尺之孤，可以寄百里之命，临大节而不可夺也。君子人与？君子人也！」』大节：关系安危存亡的大事。⑪逊言：巧言，假托之言。⑫恶积祸盈：罪恶积累，祸害满贯。⑬责怒：怒责，严责。

**译文**

贞观二年（628年），唐太宗对侍从的大臣说：『贤明的君主因自己的短处而思虑，于是做得越来越好，昏庸的君主为自己的短处辩护，于是永远愚昧。隋炀帝喜欢自吹自擂，为自己的短处辩护并拒绝接受劝谏，臣下的确是非常难以冒犯违逆。虞世基不敢直言劝谏，或许不是大罪过。当初箕子假装疯癫以求自保，孔子仍然称他为仁人。后来隋炀帝被杀，虞世基理应和他一起死吗？』杜如晦回答说：『天子有敢于诤谏的大臣，即使暴虐无道，也不至于失掉天下。孔子评论史鱼说：「史鱼真是一个正直的人啊，国家有道，他像箭一样正直，国家无道，他仍然像箭一样正直。」虞世基怎么能够因为隋炀帝暴虐无道，听不进直言劝谏，于是就闭口不言呢？苟且偷安，看重权位，又不能辞去职务，请求隐退，这就与箕子假装疯癫而离开商纣王，从道理上来说不一样了。当初晋惠帝的贾皇后打算废掉愍怀太子，司空张华竟然不能竭力诤谏，曲意迎合贾后，希望能够苟且免难。后来赵王司马伦举兵废掉贾后，派人去抓张华，张华说：「贾后将要废除太子的时候，我并非没有劝谏，只是那时未被采纳。」派去抓他的人说：「你身居三公之位，太子没有罪过而被废黜，进谏既然不被采纳，那你为什么不辞官隐退呢？」张华无言以对，于是被杀掉了，并被灭了三族。古人说：「危险的时候不知道扶持，跌倒的时候不知道扶助，那还要你们这些辅佐的人干什么？」所以说：「君子面对危险紧要的大事时是不会动摇屈服的。」张华既然不能以直言抗争成就气节，说出推脱之言却又不足以保全性命，作为臣子的节操就已经完全失去了。虞世基身居宰相之位，处于可以进谏的位置，竟然没有一句直言劝谏的话，实在是理应去死。』唐太宗说：『你说的很对。君主必须要有忠良辅佐，才能够自身平安国家安宁。隋炀帝难道不是因为下面没有忠臣，自己听不到别人谈论自己的过失，罪恶积累，祸害满贯，灭亡的结局才降临吗！如果君主的行为不当，臣下又没有匡正和劝谏，苟且阿谀奉迎，什么事情都说好，这样君主就是暗蔽的君主，臣属就是阿谀的臣属，国君暗蔽大臣阿谀，危险和灭亡就不远了。我如今的心愿是君臣上下，都能够各自本着至公无私之心，共同相互商量琢磨，以走上使国家得到安定有序的治理途径。你们每个人应当竭尽你们的忠诚正直，匡正补救我的错误，我一定不会因为直言忤逆了我的心意，动不动就对你们严厉责备。

**评点** 戈直说：『君主如果知道由自己承担责任，那么他作为君主，一定能够恪尽为君之道；大臣如果知道由自己承担责任，那么他作为大臣，一定能够恪尽为臣之道。』君臣之间要形成相得益彰的关系，的确需要双方的共同努力，同心同德。

**贞观三年，太宗谓司空裴寂曰：『比有上书奏事，条数甚多，朕总粘之屋壁，出入观省。所以孜孜不倦者，欲尽臣下之情。每一思政理①，或三更方寝。亦望公辈用心不倦，以副②朕怀也。』**







**注释** ①政理：即『政治』，国家治理。因避唐高宗李治讳，称『治』为『理』。②副：相称，相配，符合。

**译文** 贞观三年（629年），唐太宗对司空裴寂说：『近来有人上书陈奏事情，内容很多，我总是把它们粘在房间的墙壁上，出来进去的时候都看看想想。我之所以这样尽心竭力不顾疲倦的原因，是打算让大臣们都能够充分表达他们的想法。我经常一想起治理国家的事情，有时到三更才睡觉。这也是希望你们能够用心考虑国家大事不要懈怠，以符合我的心意。』

**评点** 古代能够采纳忠言的君主不少，但像唐太宗如此孜孜不倦的，的确不常见。

**贞观五年，太宗谓房玄龄等曰：『自古帝王多任情①喜怒，喜则滥赏无功，怒则滥杀无罪。是以天下丧乱，莫不由此。朕今夙夜未尝不以此为心，恒欲公等尽情极谏。公等亦须受人谏语，岂得以人言不同己意，便即护短不纳？若不能受谏，安能谏人？』**

**注释** ①任情：恣意，随意。

**译文** 贞观五年（631年），唐太宗对房玄龄等人说：『自古以来的帝王做事大多随自己的喜怒之情，高兴的时候就滥行赏赐没有功劳的人，发怒的时候就随意诛杀没有过错的人。所以天下动荡混乱，无不是因此而起。我如今日夜无时无刻不把此事放在心上，常常想让你们能够全心地给予极力劝谏。你们也应当接受别人劝谏的话，难道能够因为别人的话不符合自己的心意，于是就为自己的短处辩护而听不进别人的意见吗？如果不能接受别人的劝谏，怎么能够劝谏别人呢？』

**评点** 宋代胡寅曾经总结说：『如有过失就允许谏官劝谏制止，这是贞观年间实现天下大治的根本。』这一结论是非常有见地的。

贞观六年，太宗以御史大夫韦挺，中书侍郎杜正伦、秘书少监虞世南、著作郎姚思廉等上封事称旨，召而谓曰：『朕历观自古人臣立忠之事，若值明主，便宜尽诚规谏，至如龙逄、比干，不免孥戮①。为君不易，为臣极难。朕又闻龙可扰②而驯，然喉下有逆鳞。卿等遂③不避犯触④，各进封事。常能如此，朕岂虑宗社之倾败！每思卿等此意，不能暂忘，故设宴为乐。』仍赐绢有差。

**注释** ①孥戮：或作奴隶，或遭杀戮。如颜师古《匡谬正俗》卷二中解释说：『孥戮者，或以为奴，或加刑戮，无有所赦耳。此非孥子之孥。』孥：通『奴』，以为奴婢。②扰：驯养。③遂：竟然。④犯触：即触犯。

**译文** 贞观六年（632年），唐太宗因御史大夫韦挺、中书侍郎杜正伦、秘书少监虞世南、著作郎姚思廉等人所上奏章符合自己的心意，召见他们并对他们说：『我遍观自古以来作为臣子者尽忠的事迹，如果遇上明主，便可以竭尽诚心进行劝谏，至于像关龙逄、比干，则就不免被罚作奴隶或杀害了。作为君主不容易，作为臣子更加困难。我又听说龙可以驯养得非常温顺，但是咽喉之下也有不容人触犯的逆鳞。你们竟然不顾触犯我的危险，每人都上了奏章。如果你们能经常这样，我难道还用考虑国家会败亡吗！每当想起你们的这一片忠心，我一刻也不能忘怀，所以摆下宴席与你们一同分享快乐。』另外又给每人赏赐了数量不等的绢帛。

**评点** 唐初为什么会出现魏征这样以敢于进谏而名垂千古的大臣，从唐太宗的这段表白中，我们便可知其一二了。

太常卿韦挺尝上疏陈得失，太宗赐书曰：『所上意见，极是谠言，辞理可观，甚以为慰。昔齐境之难，夷吾有射钩之罪，蒲城之役①，勃鞮为斩袂之仇，而小白不以为疑，重耳待之若旧。岂非各吠非主②，志在无二？卿之深诚，见于斯矣。若能克全此节，则永保令名③。如其怠之，可不惜也？勉励④终始，垂范将来，当使后之视今，亦犹今之视古，不亦美乎？朕比不闻其过，未睹其阙⑤，赖竭忠恳，数进嘉言，用沃朕怀，一何可道！』

**注释** ①蒲城之役：春秋时期，晋国发生内乱，晋献公派勃鞮（又名寺人披）率兵到蒲城捉拿公子重耳，重耳在逃走时衣袖被勃鞮砍断。②各吠非主：出自《战国策·齐策》：『跖之狗吠尧，非贵跖而贱尧也，狗固吠非其它也。』原意为狗各为了自己的主人而对别人狂叫，比喻奴才或属下一心为他的上级或主人效劳。③令名：美好的声誉。④勉励：尽力，努力。⑤阙：缺点，错误。

**译文** 太常卿韦挺曾经上书陈述国家施政的得失，唐太宗写信对他说：『你所上的意见，是非常正直的言论，言辞和道理都值得赞赏，我感到非常宽慰。当初齐国国内有动乱，管仲有射中后来做了齐桓公的公子小白的带钩的罪过，晋国的蒲城一役，勃鞮对后来做了晋文公的公子重耳有砍断衣袖的仇恨，但是小白并不因此而对管仲有疑心，重耳对待勃鞮也像故人一样。这难道不是因为他们各为其主而攻击别人，没有心怀二心的缘故吗？你的深切诚意，显现于你的奏章之中了。你如果能够坚持保全这种节操，那么就能够永远保持你美好的名声。如果对其有所松懈，那难道不是很可惜吗？自始至终都努力保持，就会成为将来的典范，应当使后人看今天的人，也像今天的人看古代的人一样，不也很好吗？我最近没有听到别人指摘我的过失，没有看到别人揭露我的缺陷，依靠你竭尽忠实诚恳之心，多次向我进献善言，用以启发我的思想，对你的赞赏一时如何说得完呢！』

**评点** 在我国历史上，不记前仇的用人佳话有很多，唐太宗李世民任用魏征、王珪、韦挺等人，的确堪与齐桓公任用管仲、晋文公任用勃鞮相媲美。

贞观八年，太宗谓侍臣曰：『朕每闲居①静坐，则自内省，恒恐上不称天心，下为百姓所怨。但思正人匡谏，欲令耳目外通，下无怨滞。又比见人来奏事者，多有怖慑②，言语致失次第。寻常奏事，情犹如此，况欲谏诤，必当畏犯逆鳞。所以每有谏者，纵不合朕心，朕亦不以为忤。若即嗔责，深恐人怀战惧，岂肯更言！』

**注释** ①闲居：避开别人而独处。如《礼记·孔子闲居》有：『孔子闲居，子夏侍。』陆德明《释文》说：『退燕避人曰闲居。』②怖慑：恐惧。

**译文** 贞观八年（634年），唐太宗对身边侍从的大臣说：『我每当独处静坐的时候，就会自我反省，经常怕对上不能符合天意，对下被百姓所怨恨。只想有正直的人前来匡正劝谏，想要使耳朵和眼睛都能够与外面相通接，使下面没有怨愤积累。近来又看到前来陈奏事宜的人，大多心怀恐惧，说话时以致语无伦次。平常的时候陈奏事情，心情尚且是这样，更何况要直言诤谏之时，一定会害怕触怒了君王。所以每当有人进谏的时候，即使不符合我的心意，我也不会因此而发怒。如果一遇到这种情况就发怒嗔责，非常担心别人心里会产生恐惧之情，这样怎么还能够再进言呢？』

**评点** 君主操纵着生杀予夺的大权，如果对待进谏者不能够心平气和，即使口头上声称鼓励大臣进谏，也是难以听到真话的。正由于唐太宗的谨慎戒惧，才有大臣们的直言极谏。

贞观十五年，太宗问魏征曰：『比来朝臣都不论事，何也？』征对曰：『陛下虚心采纳，诚宜有言者。然古人云：「未信而谏，则以为谤己；信而不谏，则谓之尸禄。①」但人之才器②各有不同，懦弱之人，怀忠直而不能言；疏远之人，恐不信而不得言；怀禄③之人，虑不便身而不敢言。所以相与缄默，俯仰④过日。』太宗曰：『诚如卿言。朕每思之，人臣欲谏，辄惧死亡之祸，与夫赴鼎镬⑤、冒白刃⑥，亦何异哉？故忠贞之臣，非不欲竭诚。竭诚者，乃是极难。所以禹拜昌言⑦，岂不为此也！朕今开怀抱⑧，纳谏诤。卿等无劳怖惧，遂不极言。』

**注释** ①未信而谏，则以为谤己；信而不谏，则谓之尸禄：《论语·子张》中有：『子夏曰：「君子……信而后谏；未信，则以为谤己也。」』尸禄：只空食俸禄而不干正事。②才器：才能和器度。③怀禄：留恋爵禄。④俯仰：低头和抬头，形容沉思默想。⑤鼎镬：鼎和镬是古代两种烹饪用的器具。这里指用鼎镬来煮人的酷刑。⑥白刃：锋利的刀刃。⑦禹拜昌言：出自《尚书·皋陶谟》：『禹拜昌言曰：「俞！」』昌言：善言，有道理的言论。⑧怀抱：心怀，心意。

**译文** 贞观十五年（641年），唐太宗问魏征：『近来朝中的大臣都不议论政事，为什么呢？』魏征回答说：『陛下您虚心采纳建议，的确是应当有人前来进言。但是古人说：「没有取得别人的信任就去进谏，那么就会被认为是诽谤自己；别人信任自己而不进谏，那么就称之为白占着位子吃饭而不干正事。」但是人的才能器度各有不同，天性懦弱的人，心里虽然忠诚正直但不能说出来；感情疏远的人，恐怕不被信任而不愿说出来；留恋爵禄的人，担心对自身不利而不敢说出来。所以大家都相互保持沉默，沉思默想着过日子。』唐太宗说：『真是像你说的这样。我经常想，作为臣子的想要进谏，动不动就害怕遭到杀头之祸，这与去承受烹煮的酷刑、迎着锋利的刀刃，又有什么不同？所以忠诚坚贞的臣子，并非不想竭尽他们的诚心。竭尽诚心，乃是非常难的。所以大禹听到善言后会下拜，难道不是这个原因吗！我如今要打开我的胸怀，接纳直言诤谏。你们不用因感到恐惧，而不敢说出你们心底的话。』

**评点** 如果像唐太宗这样体谅进谏者的心理和处境，还怕下面的人不勇于进谏吗？





**贞观十六年，太宗谓房玄龄等曰：『自知者明，信为难矣。如属文①之士，伎巧②之徒，皆自谓己长，他人不及。若名工文匠③，商略诋诃④，芜词拙迹⑤，于是乃见。由是言之，人君须得匡谏之臣，举其愆过⑥。一日万机，一人听断，虽复忧劳，安能尽善？常念魏征随事谏正，多中朕失，如明镜鉴形，美恶必见。』因举觞⑦赐玄龄等数人勖⑧之。**

**注释** ①属文：撰写文章。②伎巧：技术，技艺。③名工文匠：著名的工匠，有文采的大师。④商略诋诃：批评指摘。商略：品评评论。诋诃：诋毁，指责。⑤芜词拙迹：芜杂的词章，拙劣的技艺。⑥愆过：罪过，过失。⑦觞：古代的一种盛酒器。⑧勖：勉励。

**译文** 贞观十六年（642年），唐太宗对房玄龄等人说：『了解自我的人就明智，但的确难以做到啊。如撰写文章的读书人，具有一技之长的手艺人，都自认为自己有优势，别人比不上。如果著名的工匠和有文采的大师，对其进行批评指摘，芜杂的词章，拙劣的手法，于是就都显现出来了。因此而言，君主必须要有匡正劝谏之臣，把他的过失指出来。一天有无数的事情，一个人来了解判断，即使身心加倍劳苦，怎么能够做到全部都处理得很完美呢？我经常怀念魏征遇到事情就对我劝谏匡正，大多切中我的过失，就如同明亮的镜子照人的形貌一样，好处和坏处都一定能看见。』于是举起酒杯给房玄龄等人赐酒，对他们进行勉励。

**评点** 知己比知彼要难得多，所以老子说：『知人者智，自知者明』。在老子看来，能够了解别人的人，是有大智慧的人，很难得，但只有能够认识自己的人，才是真正能够洞察事理的『明白人』。而一个人要了解自己，虚心听取别人的评论和建议是一条根本的途径。

贞观十七年，太宗问谏议大夫褚遂良曰：『昔舜造漆器①，禹雕其俎②，当时谏者十有余人。食器之间，何须苦谏？』遂良对曰：『雕琢害农事，纂组③伤女工④。首创奢淫，危亡之渐⑤。漆器不已，必金为之；金器不已，必玉为之。所以诤臣必谏其渐，及其满盈，无所复谏。』太宗曰：『卿言是矣。朕所为事，若有不当，或在其渐，或已将终，皆宜进谏。比见前史，或有人臣谏事，遂答云「业已为之」，或道「业已许之」，竟不为停改。此则危亡之祸，可反手而待也。』

**注释** ①漆器：表面涂漆的器具。②俎：割肉用的砧板。③纂组：编织，多指精美的织物。④女工：女子所作纺织、刺绣、缝纫等事。⑤渐：征兆，迹象。

**译文** 贞观十七年（643年），唐太宗问谏议大夫褚遂良：『当初舜制造表面涂漆的器具，禹雕刻切肉的砧板，当时有十多人进行劝谏。只不过涉及一些盛食物的器具，为什么要苦苦劝谏呢？』褚遂良回答说：『精雕细琢会有害于农业生产，织造精美的织物有碍于纺织缝纫。开始从事奢侈淫逸，就是危险和败亡的苗头。如果用漆装饰器物不停止，接下来就一定用金子来装饰；用金子装饰器物不停止，接下来就一定用玉石来装饰。所以能诤谏的臣子一定在露出苗头的时候就劝谏，等到事情发展到极端了，就无法再劝谏了。』唐太宗说：『你说得对。我所做的事情，如果有不恰当的，或者是在其刚刚露出苗头的阶段，或者是在其已经将要结束的阶段，都应当进行劝谏。近来阅读史书，里面也有臣子进谏的记载，有的回答说：「已经开始做了」，有的回答说「已经同意做了」，但事实上没有因此而停止或改正。这样国家危险和败亡的灾难，就为时不远了。』





**评点** 在国家治理中，防微杜渐才能不导致混乱的产生，也是非常难以做到的。正如范祖禹所说：『之所以重视贤人，是因为他们能够在混乱没有出现之前就将其制止，在邪恶没有产生之前就将其防范。如果已经产生和出现，那么一般人就能够知道，怎么还会依赖贤人呢？』

## 纳谏第五

贞观初，太宗与黄门侍郎王珪宴语①，时有美人②侍侧，本庐江王瑗之姬也，瑗败，籍没③入宫。太宗指示珪曰：『庐江不道④，贼杀其夫而纳其室，暴虐之甚，何有不亡者乎！』珪避席⑤曰：『陛下以庐江取之为是邪，为非邪？』太宗曰：『安有杀人而取其妻，卿乃问朕是非，何也？』珪对曰：『臣闻于《管子》曰：齐桓公之郭国⑥，问其父老⑦曰：「郭何故亡？」父老曰：「以其善善而恶恶也。」桓公曰：「若子之言，乃贤君也，何至于亡？」父老曰：「不然。郭君善善而不能用，恶恶而不能去，所以亡也。」今此妇人尚在左右，臣窃以为圣心是之。陛下若以为非，所谓知恶而不去也。』太宗大悦，称为至善，遽令以美人还其亲族。

**注释** ①宴语：闲谈。②美人：宫中的嫔妃。③籍没：登记财产加以没收。④不道：无道，胡作非为。⑤避席：

离开座位。古人席地而坐，离席起立说话，以示敬意。⑥郭国：春秋时的诸侯国，在今山东省北部，被齐国所灭。⑦父老：乡中有名望的老年人，常用于对老年人的尊称。

**译文**

贞观初年，唐太宗与黄门侍郎王珪闲谈，当时有一个嫔妃在旁边侍候，她原来是庐江王李瑗的爱姬，李瑗谋反失败，被收没入皇宫之中。唐太宗指着这个嫔妃对王珪说：『庐江王胡作非为，杀害了她的丈夫而占有了人家的妻子，如此的暴虐，哪有不灭亡的道理呢！』王珪离开座位说：『陛下您认为庐江王占有了这个妇人是对呢，还是不对呢？』唐太宗说：『哪有杀死别人而占有别人妻子的道理，你还问我是对还是不对，为什么？』王珪回答说：『我听说《管子》书中有记载：齐桓公到郭国去，问郭国德高望重的老年人：「郭国的君主为什么失掉了他的国家？」老人说：「因为他喜欢好的而讨厌坏的。」齐桓公说：「像你这样说，他是一个贤明的君主，为什么会落得灭亡的下场呢？」老人说：「不是这样。郭国的国君喜欢好的但不能落实，讨厌坏的但不能摒除，所以就灭亡了。」如今这个妇人还在你的身边，所以我私下里认为你觉得庐江王做得对。陛下您如果以为他做得不对，这就是所谓的知道什么是坏的但是不能摒除啊。』唐太宗很高兴，称赞他说得非常好，马上把这个嫔妃还给她的亲人。

**评点**

不是顺从君主的欲望而是违逆君主的意志，才显示出谏臣的难能可贵。所以南宋唐仲友评论王珪说：『王珪进谏，都是在君主兴致正浓之际，是别人很难开口的时候，他可谓丝毫不比魏征逊色。』







贞观四年，诏发卒[1]修洛阳之乾元殿以备巡狩[2]。给事中张玄素上书谏曰：

陛下智周万物，囊括四海，令之所行，何往不应？志之所欲，何事不从？微臣窃思秦始皇之为君也，藉周室之余，因六国之盛，将贻之万叶。及其子而亡，谅由逞嗜奔欲，逆天害人者也。是知天下不可以力胜，神祇[3]不可以亲恃。惟当弘俭约，薄赋敛，慎终始，可以永固。

方今承百王之末，属凋弊之余，必欲节之以礼制，陛下宜以身为先。东都未有幸期，即令补葺；诸王今并出藩，又须营构。兴发数多，岂疲人之所望？其不可一也。陛下初平东都之始，层楼广殿，皆令撤毁，天下翕然[4]，同心欣仰[5]。岂有初则恶其侈靡，今乃袭其雕丽？其不可二也。每承音旨[6]，未即巡幸，此乃事不急之务，成虚费之劳。国无兼年[7]之积，何用两都之好？劳役过度，怨讟[8]将起。其不可三也。百姓承乱离之后，财力凋尽，天恩含育，粗见存立，饥寒犹切，生计未安，三五年间，未能复旧。奈何营未幸之都，而夺疲人之力？其不可四也。昔汉高祖将都洛阳，娄敬一言，即日西驾。岂不知地惟土中，贡赋所均，但以形胜不如关内也。伏惟陛下化凋弊之人，革浇漓[9]之俗，为日尚浅，未甚淳和，斟酌事宜，讵可东幸？其不可五也。

臣尝见隋室初造此殿，楹栋[10]宏壮，大木非近道所有，多自豫章[11]采来，二千人拽一柱，其下施毂[12]，皆以生铁为之，中间若用木轮，动即火出。略计一柱，已用数十万，则余费又过倍于此。臣闻阿房成，秦人散；章华⑬就，楚众离；乾元毕工，隋人解体。且以陛下今时功力，何如隋日？承凋残之后，役疮痍⑭之人，费亿万之功，袭百王之弊，以此言之，恐甚于炀帝远矣。深愿陛下思之，无为由余所笑⑮，则天下幸甚矣。

太宗谓玄素曰：『卿以我不如炀帝，何如桀、纣？』对曰：『若此殿卒兴，所谓同归于乱。』太宗叹曰：『我不思量，遂至于此。』顾谓房玄龄曰：『今玄素上表，洛阳实亦未宜修造，后必事理须行，露坐亦复何苦？所有作役⑯，宜即停之。然以卑干尊，古来不易，非其忠直，安能如此？且众人之唯唯，不如一士之谔谔⑰。可赐绢二百匹。』魏征叹曰：『张公遂有回天之力，可谓仁人之言，其利博哉！』

**注释**

①卒：劳役。《说文解字》中解释说：『卒，隶人给事者为卒。卒，衣有题识者。』②巡狩：天子出行，视察邦国州郡。又作『巡守』。③神祇：天神和地神，泛指神灵。④翕然：一致称颂。⑤欣仰：欣喜仰慕。⑥音旨：言辞旨意。⑦兼年：两年。⑧怨讟：怨恨诽谤。⑨浇漓：指社会风气浮薄不厚。⑩楹栋：房柱与房梁。⑪豫章：今江西一带。⑫毂：音gǔ。原意为车轮中心的圆木，周围与车辐的一端相连，中间有圆孔，可以插轴。也泛指车轮或车子。⑬章华：即章华台。汉代荀悦《汉纪·武帝纪一》说：『楚灵王起章华之台而楚人散。』⑭疮痍：创伤，比喻灾难困苦。⑮由余所笑：《史记·秦本纪》记载：『戎王使由余于秦。由余，其先晋人也，亡入戎，能晋言。闻缪公贤，故使由余观秦。秦缪公示以宫室、积聚。由余曰：「使鬼为之，则劳神矣。使人为之，亦苦民矣。」缪公怪之，问曰：「中国以诗书礼乐法度为政，然尚时乱，今戎夷无此，何以为治，不亦难乎？」由余笑曰：「此乃中国所以乱也。夫自上圣黄帝作为礼乐法度，身以先之，仅以小治。及其后世，日以骄淫。阻法度之威，以责督于下，下罢极则以仁义怨望于上，上下交争怨而相篡弑，至于灭宗，皆以此类也。夫戎夷不然。上含淳德以遇其下，下怀忠信以事其上，一国之政犹一身之治，不知所以治，此真圣人之治也。」』⑯作役：工程建筑之类的工作。⑰谔谔：直言争辩貌。









**译文**

贞观四年（630年），唐太宗下诏征发劳役修建洛阳的乾元殿以备巡行视察时居住。给事中张玄素上书劝谏说：

陛下您的智识可以洞察万物，四海之内尽为您所拥有，推行一道命令，哪个地方不会响应？想要完成一个心愿，哪件事情不遂心意？我私下里想，秦始皇当上君主，凭借周朝留下的基业，借助六国强盛的国力，想要把这些留给子孙万代。秦朝到了他儿子那一代就灭亡了，料想是由于他放纵欲望，违逆天意，荼毒人民的结果。我因此而明白了天下不可能凭借强力而征服，神灵不可能因为亲近就可靠的道理。只有发扬减省节约，减轻贡赋税敛，自始至终慎重，才可以使江山永远牢固。

如今承绪于百代帝王之后，尚处凋零破败之中，一定要用礼制来节制行为，陛下您应当率先垂范。东都洛阳还没有巡幸的具体日期，你就下令进行修补；诸位藩王如今都一起到了封地，一定又要进行建造。征发人员的数量过多，这难道是疲敝的老百姓所期望的吗？这是不能修建的第一条理由。陛下您刚刚占领了东都的时候，高耸的楼宇，宽广的宫殿，您都下令拆毁了，天下人为此一致称颂，大家心里都感到欣喜和敬仰。难道有初始的时候厌恶它的奢侈浪费，如今却沿袭它的雕镂华丽的道理吗？这是不能修建的第二条理由。老百姓经常接到您的旨意，但却没有当时去巡视，这是做不急着做的事务，成了空耗人力物力的举动。国家没有两年的积蓄，为什么还要两个都城的排场呢？劳役征发过度，怨恨诽谤就会兴起。这是不能修建的第三条理由。老百姓刚刚经历了战乱离散，财物和力量都损失将尽，皇上施恩包容化育，现在老百姓刚刚大略地呈现出能够安身立命的局面，忍饥受冻仍然是非常迫切的问题，生存问题没有得到解决，三到五年，不能恢复原来的水平。为什么还要营造没有去巡视的都城，而褫夺疲敝的老百姓的力量？这是不能修建的第四条理由。当初汉高祖将要定都洛阳，娄敬一席话，当天就起驾西行回到长安。难道他不知道洛阳地处国家的中心，各地缴纳贡赋距离都比较平均的道理吗，只是因为洛阳的地形不如关中地区险要罢了。我想到陛下您教化衰弱疲敝的人民，革除浮薄不厚的社会风气，经过的时间还很短暂，社会习俗还不是非常淳厚和谐，仔细地考虑一下这个情况，又怎么可能到东方去巡视呢？这是不能修建的第五条理由。

我曾经见过隋朝刚开始建造这座宫殿时的情景，房柱和房梁都非常高大粗壮，这种大木头不是近处出产的，大多是从豫章郡采来，两千个人拽一根柱子，木头下面安置了车轮，车轮都是用生铁制成的，如果中间用木头轮子，移动时就会摩擦起火。大约计算一下一根柱子的费用，就已经需要花费数十万了，而其余的费用又超过几倍。我听说阿房宫建成了，秦朝的人心就离散了；章华台建成了，楚国的人心就离散了；乾元宫建成了，隋朝的人心就离散了。况且凭着陛下您今日的实力，同当年的隋朝比起来怎么样呢？经过了凋零破败之后，驱使着饱受创伤的老百姓，花费亿万的财力，沿袭历代君主的弊端，根据这些来说，恐怕比隋炀帝过分得多吧。我深切地期望陛下能好好考虑这件事，不要被由余之类的人所耻笑，那么这就是天下人的万幸了。」





唐太宗对张玄素说：「你认为我不如隋炀帝，与夏桀和商纣比起来怎么样呢？」张玄素回答说：「如果这座宫殿最终还要修建，可以说和他们一样都会走向混乱。」唐太宗叹息着说：「我没有认真考虑，结果闹到现在这个地步。」他回过头对房玄龄说：「今天张玄素上了这道表章，洛阳看来真是不适宜修建宫殿，以后如果有事一定需要巡视，即使在露天里坐着又能有多辛苦呢？所有工程建筑工作，应当马上停下来。然而，以低微的身份来干涉地位高的人，自古以来就不是一件容易事，如果不是因为他忠诚正直，怎么能够做这样的事情呢？况且许多人的恭敬顺从，也不如一个读书人的直言争辩。可以赐给他绢帛二百匹。」魏征感叹道：「张公真是具有扭转天意的力量，可以说仁人说出话来，带给人们的好处太广博了！」

**评点** 自古君主能够克制自己的欲望很难，而大臣「逆龙鳞」说服君主抑制欲望更难。因此后人对于张玄素此次说服唐太宗都给予很高评价。

**太宗有一骏马，特爱之，恒于宫中养饲，无病而暴死。太宗怒养马宫人，将杀之。皇后①谏曰：「昔齐景公②以马死杀人，晏子③请数其罪云：「尔养马而死，尔罪一也。使公以马杀人，百姓闻之，必怨吾君，尔罪二也。诸侯闻之，必轻吾国，尔罪三也。」公乃释罪。陛下尝读书见此事，岂忘之邪？」太宗意乃解。又谓房玄龄曰：「皇后庶事相启沃，极有利益尔。」**

**注释** ①皇后：唐太宗的长孙皇后，长孙无忌的妹妹，曾数次对唐太宗进行劝谏。②齐景公：春秋时齐国国君，名杵臼。③晏子：名婴，字仲平，夷维（今山东高密）人，曾相齐灵公、庄公、景公三朝，是春秋时期的名相。

【译文】唐太宗有一匹骏马，非常喜欢它，一直在宫中饲养，没有得病突然死了。唐太宗对宫中养马的人非常生气，打算处死他。皇后劝谏说：『当初齐景公因为马匹死亡的原因杀人，晏子请求列举养马人的罪过，对养马人说：「你养马却把马养死了，这是你的第一条罪状。你让国君因为一匹马的原因而杀人，老百姓听说之后，一定会埋怨我们的国君，这是你的第二条罪状。其他国家的诸侯听说这件事之后，一定会轻视我们的国家，这是你的第三条罪状。」齐景公听后于是取消了对他的惩罚。陛下您经常读书看到这个故事，难道忘了吗？』唐太宗的心情于是平和下来。他又对房玄龄说：『皇后在许多事情上启发开导我，对我很有帮助啊。』

【评点】在现实中，对于同一件事情，从不同的人口里说出来让人听着就会有不同的感觉。古人说，『良药苦口利于病，忠言逆耳利于行』，要求人们要多听不同的声音，同时看到别人有什么缺点也要坦率地指出来，但是又说，『良言一句三冬暖，恶语伤人六月寒』，又告诫人们要讲求说话的艺术，不能不顾对方的感受。因此，无论在什么时候，请人帮助也好，劝诫别人也好，都要注意说话的分寸和艺术。否则，如果说话过于莽撞或者不恰当，不但达不到自己的目的，甚至引起对方的不快。

**贞观七年，太宗将幸九成宫，散骑常侍姚思廉进谏曰：『陛下高居紫极①，宁济②苍生，应须以欲从人，不可以人从欲。然而离宫游幸③，此秦皇、汉武之事，故非尧、舜、禹、汤之所为也。』言甚切至。太宗谕之曰：『朕有气疾④，热便顿剧，故非情好游幸，甚嘉卿意。』因赐帛五十段⑤。**





【注释】①紫极：星名，借指帝王的宫殿。②宁济：安定匡济。③游幸：指帝王或后妃出游。④气疾：呼吸系统的疾病。⑤段：量词，指布帛的一块或一截。

【译文】贞观七年（公元633年），唐太宗打算到九成宫去，散骑常侍姚思廉进谏说：『陛下您高居于皇宫之中，安定匡济天下的百姓，应当使自己的欲望服从于老百姓的利益，不能使老百姓的利益服从于你的个人欲望。然而您离开皇宫出游，这是秦始皇、汉武帝做的事情，所以不是尧、舜、禹、汤这样的圣君所做的。』言辞非常恳切合理。唐太宗说：『我患有一种呼吸方面的疾病，天气一热马上就加剧，所以不是我的兴趣喜欢游玩，但是我还是非常赞赏你的建议。』于是赐给他五十块丝帛。

【评点】体会老百姓的疾苦，爱民、利民，是中国古代惠民思想的重要组成部分。姚思廉的劝谏，也正是基于这种考虑。

**贞观三年，李大亮为凉州都督，尝有台使①至州境，见有名鹰，讽②大亮献之。大亮密表曰：『陛下久绝畋猎，而使者求鹰。若是陛下之意，深乖昔旨；如其自擅，便是使非其人。』太宗下书曰：『以卿兼资文武，志怀贞确③，故委藩牧，当兹重寄④。比在州镇⑤，声绩远彰，念此忠勤，岂忘寤寐⑥？使遣⑦献鹰，遂不曲顺，论今引古，远献直言。披露腹心，非常恳到，**

览用嘉叹，不能已已⑧，有臣若此，朕复何忧！宜守此诚，终始若一。《诗》云：「靖共尔位，好是正直。神之听之，介尔景福⑨。」古人称一言之重，侔⑩于千金，卿之所言，深足贵矣。今赐卿金壶瓶、金碗各一枚，虽无千镒⑪之重，是朕自用之物。卿立志方直，竭节至公，处职当官⑫，每副所委，方大任使，以申重寄。公事之闲，宜观典籍。兼赐卿荀悦《汉纪》⑬一部，此书叙致⑭简要，论议深博，极为政之体，尽君臣之义，今以赐卿，宜加寻⑮阅。』

**注释**

①台使：朝廷的使节，唐朝时也专指未正名的监察御史。②讽：用含蓄的话劝告。③贞确：坚定。④重寄：重要的托付。⑤州镇：一方重镇。⑥寤寐：醒与睡，指日日夜夜。⑦使遣：差遣，这里指派去的使臣。⑧已已：休止。两个「已」字重叠表示强调。⑨靖共尔位，好是正直。神之听之，介尔景福：出自《诗经·小雅·小明》。靖：审慎。共：同「供」。介：给予。景福：洪福，大福。⑩侔：齐，相等。⑪镒：古代的重量单位，等于二十两或二十四两。⑫当官：居官称职。⑬荀悦《汉纪》：荀悦（148年—209年），东汉史学家、文学家，字仲豫，颍川颍阴（今河南许昌）人，著有《汉纪》30篇。⑭叙致：叙述事理。⑮寻：探究道理，推究。《说文解字》中说：「寻，绎理也。」

**译文**

贞观三年（629年），李大亮做凉州都督，曾经有个朝廷派出的使臣到凉州境内去，看到当地有出名的好鹰，就委婉地劝李大亮进献给朝廷。李大亮给唐太宗秘密地上奏章说：「陛下您已经好久不打猎了，而朝廷派来的使者却向我要鹰。这如果是陛下您的意思，与您以前的宗旨就大相背离，如果是他自作主张，便是派出的使者不是合适的人选。」唐太宗去信对他说：「因为你兼有文武之才，内心意念坚定，所以委派你做边防守卫的官员，担负着这样重要的使命。



近来你在凉州这一方重镇，声明和业绩都传播很广，每当想起你的这种忠诚和勤奋，难道我能一时一刻忘记吗？派去的使臣要求你献鹰，你并没有曲意顺从，而是引古论今，从远方献来了你的正直之言。你展示了内心的想法，非常恳切合理，我看过之后深表赞叹，久久不能休止，有你这样的大臣，我还有什么可忧虑的呢！你应当保持这种真诚，始终如一。《诗经》中说：「做好你的职分，亲近正直之人。神灵知你所为，赐予你以洪福。」古人说，一句话的分量，等于千两黄金，你所说的，是非常值得珍惜的。现在赐给你金壶瓶和金碗各一个，虽然没有千镒的重量，但这是我自己使用的器物。你立志正直，恪守操节，一心为公，在职位上非常称职，一直符合所委派的使命，如今对你委以重任，就是为了申明我对你寄予的重托。你在处理事务的闲暇，应当多看看书。同时赐给你荀悦的《汉纪》一部，这部书叙述事理简明扼要，但其中的议论深刻广博，全面阐述了处理政事的基本原则，充分论述了君臣之间的道德规范，今天把这本书赐给你，你应当好好地阅读体会。」

**评点**

这又是一则君臣相得益彰的事例。对此，张九成评价说：「侍奉君主靠的是忠，得以尽忠靠的是才，为人处世靠的是诚，三者全备，可以称得上贤人了。李大亮文武全才，而劝谏进献好鹰，又接近于忠了。唐太宗诚恳地信任亲近他，就是因为他才兼文武，并且还具有忠诚的美德。」

贞观八年，陕县丞皇甫德参上书忤旨，太宗以为讪谤①。侍中魏征进言曰：『昔贾谊当汉文帝上书云云「可为痛哭者一，可为长叹息者六。」自古上书，率多激切。若不激切，则不能起人主之心。激切即似讪谤，惟②陛下详③其可否。』太宗曰：『非公无能道此者。』令赐德参帛二十段。

**注释** ①讪谤：诋毁，诽谤。②惟：愿，希望。③详：审察，揣摩。

**译文** 贞观八年（634年），陕县县丞皇甫德参上书忤逆了皇帝的心意，唐太宗认为他是诽谤自己。侍中魏征进言说：『当初贾谊给汉文帝上书有这样的话：「可以为你痛哭的事情有一件，可以为你叹息的事情有六件。」自古以来给皇帝上书，大多言辞激烈恳切。如果不激烈恳切，就不能打动帝王的内心。言辞激烈恳切就好像是毁谤一样，希望陛下能够考虑一下他说的对不对。』唐太宗说：『如果不是你，别人讲不出这样的道理来。』下令赐给皇甫德参二十块丝帛。

**评点** 唐太宗在对待皇甫德参一事前后态度上的变化告诉我们，人没有一生都不犯错误的，犯了错误就应该努力改正。而经常的情况是，我们自己犯了错误自己却觉察不出，这就需要由别人来指出来，虚心接受别人的批评。如果觉得批评得有道理后就应该改正错误；别人的意见或建议只要对学习、对工作有好处，就应该照着去做。

贞观十五年，遣使诣西域立叶护可汗①，未还，又令人多赍金帛，历诸国市马。魏征谏曰：『今发使以立可汗为名，可汗未定立，即诣诸国市马，彼必以为意在市马，不为专立可汗。可汗得立，则不甚怀恩，不得立，则生深怨。诸蕃闻之，且不重中国。但使彼国安宁，则诸国之马，不求自至。昔汉文帝有献千里马者，曰：「吾吉行②日三十，凶行③日五十，鸾舆④在前，属车⑤在后，吾独乘千里马，将安之乎？」乃偿其道里所费而返之。又光武有献千里马及宝剑者，马以驾鼓车⑥，剑以赐骑士。今陛下凡所施为，皆邈过⑦三王之上，奈何至此欲为孝文、光武之下乎？又魏文帝⑧求市西域大珠，苏则⑨曰：「若陛下惠及四海，则不求自至，求而得之，不足贵也。」陛下纵不能慕汉文之高行，可不畏苏则之正言耶？』太宗遽令止之。



**注释** ①叶护可汗：西突厥首领，贞观年间遣使入贡，唐太宗封其为可汗。②吉行：为吉事（如祭祀）而出行。③凶行：为凶事（如作战）而出行。④鸾舆：天子的乘舆，借指天子。⑤属车：帝王出行时的侍从车辆。⑥鼓车：载鼓的车。⑦邈过：远远超过。邈：遥远。⑧魏文帝：三国时魏国的曹丕，曹操次子，221年废汉献帝而称帝。⑨苏则：三国时魏国武功人，字少师，曾在曹魏任侍中。

**译文** 贞观十五年（641年），唐太宗派使臣到西域去册立叶护可汗，使者还没有回来，他又命人多带黄金绢帛，到各个国家去买马。魏征劝谏说：『如今派使者以册立可汗的名义到西域去了，可汗还没有最终册立，就马上派人到西域各国去买马，他一定会认为我们的意图在于买马，不是专门为了册立可汗。可汗册立成功了，那么他心里也不会很感恩，册立不成功，那么他心里就会产生深深的怨恨。西域各国得到这个消息，将不会尊重中国。如果能够使他的国家安宁，那么西域各国的马匹，不用去求取也会自己到来。当初有人向汉文帝献千里马，听说：「我平常为了吉事而出行一天走三十里，为了凶事而出行一天走五十里。我自己一个人跑在前面，侍从的车辆都落在后面，我一个人乘着千里马，将要到哪里去呢？」于是给了献马人路费让他回去了。汉光武帝时也有人向他献千里马和宝剑，他用千里马来驾载鼓的车，把宝剑赐给了骑马的武士。如今您的所作所为，都远远超越三王之上，为什么在这件事上却甘居汉文帝和光武帝之下呢？还有，魏文帝打算买西域出产的大珍珠，苏则说：『如果陛下您的恩泽惠及四海，那么不用去搜求也会自己到来，通过搜求得到的，不足以称为珍贵。』陛下您即使不能学习汉文帝那样高尚的品行，难道不觉得苏则这番直言可畏吗？』唐太宗马上下令停止去西域买马。

**评点** 成大事者必有远谋，追求眼前的利益往往是导致长远目标丧失的重要原因。而由于人的喜功贪利之心，能够始终从长远和全局的角度看问题，本身也是非常困难的。

**贞观十七年，太子右庶子高季辅上疏陈得失。特赐钟乳一剂①，谓曰：『卿进药石②之言，故以药石相报。』**

**注释** ①钟乳一剂：钟乳：钟乳石，可入药。剂：量词，由若干味药配制的汤药。②药石：药剂和砭石，比喻规诫。

**译文** 贞观十七年（643年），太子右庶子高季辅上奏章陈述国家治理的得失。唐太宗特意赐给他一服钟乳，对他说：『你向我进献了如同药石一样的规诫之言，所以我也用药石来报答你。』

**评点** 对于唐太宗关于『药石』的比喻，戈直评价说：『药石，是用来治疗身体上的疾病的；金镜，是用来辨别姿态的美丑的。唐太宗赞美大臣进言劝谏，将其比作药石，希望大臣明白地看到自己的得失，将其比喻为金镜，这可以称得上是君臣融洽相处的盛事了。』



**贞观十八年，太宗谓长孙无忌等曰：『夫人臣之对帝王，多顺从而不逆，甘言以取容①。朕今发问，不得有隐，宜以次言朕过失。』长孙无忌、唐俭等皆曰：『陛下圣化导致太平，以臣观之，不见其失。』黄门侍郎刘洎对曰：『陛下拨乱②创业，实功高万古，诚如无忌等言。然顷有人上书，辞理不称者，或对面穷诘③，无不惭退。恐非奖进言者。』太宗曰：『此言是也，当为卿改之。』**

**注释** ①取容：讨好别人以求自己安身。②拨乱：平定祸乱。③穷诘：深入追问。

**译文** 贞观十八年（644年），唐太宗对长孙无忌等人说：『做臣子的对待帝王，大多只是顺从而没有违逆，用甜言蜜语来换取帝王高兴以求自己安身。我今天要向你们问话，不要有所隐瞒，要依次来谈谈我的过失。』长孙无忌、唐俭等人都说：『陛下您通过圣德感化实现了天下太平，依我看来，看不见有什么过失。』黄门侍郎刘洎说：『陛下您平定祸乱创立基业，的确是功绩空前，正如长孙无忌等人说的那样。然而前不久有人上书言事，言辞道理有与您的心意不相符之处，您有时面对面地深入追问，上书的人无不惭愧地回去。这恐怕不是鼓励进言的做法。』唐太宗说：『你说得对，我会依照你的建议而改正。』

**评点** 曾有人评论说，唐太宗晚年，魏征等人去世，直言进谏的人少了，阿谀奉承的声音多了。『其间谀说之特甚者，长孙无忌是也』。从这次君臣对话中，就可见一斑。

**太宗尝怒苑西监穆裕，命于朝堂斩之。时高宗为皇太子，遽犯颜①进谏，**

太宗意乃解。司徒长孙无忌曰：『自古太子之谏，或乘间从容而言。今陛下发天威②之怒，太子申犯颜之谏，诚古今未有。』太宗曰：『夫人久相与处，自然染习③。自朕御天下，虚心正直，即有魏征朝夕进谏。自征云亡，刘洎、岑文本、马周、褚遂良等继之。皇太子幼在朕膝前，每见朕心说谏者，因染以成性④，故有今日之谏。』

**注释** ①犯颜：敢于冒犯君王或尊长的威严。②天威：帝王的威严。③染习：熏染。④成性：形成一定的习惯、性格。

**译文** 唐太宗曾经对苑西监穆裕非常生气，下令在朝堂上处死他。当时唐高宗还是太子，于是不顾冒犯他的威严进行劝谏，唐太宗的心情这才平和下来。司徒长孙无忌说：『从古至今天子进行劝谏，一般都是寻找适当的时机委婉地进言。如今陛下您大发雷霆，太子敢于冒犯您的威严陈述自己的劝谏，的确是从古至今没有过的。』唐太宗说：『人与人相处久了，自然地就会受到熏染。自从我统治天下，虚怀若谷，心地正直，就有魏征早晚前来进谏。自从魏征去世之后，刘洎、岑文本、马周、褚遂良等人也相继踊跃进谏。皇太子从小在我跟前长大，经常看到我心里喜欢进谏的人，于是就受到熏染而养成了习惯，所以才有今天的劝谏。』

**评点** 『近朱者赤，近墨者黑。』一个人不自觉之间就会受到环境的熏陶感染。唐高宗李治最初的时候善于纳谏和进谏，晚年则经常拒谏，大概就是这个原因吧！





## 直谏（附）

贞观二年，隋通事舍人郑仁基女年十六七，容色绝姝①，当时莫及，文德皇后②访求得之，请备嫔御，太宗乃聘为充华③。诏书已出，策使④未发。魏征闻其已许嫁陆氏，方遽进而言曰：『陛下为人父母，抚爱百姓，当忧其所忧，乐其所乐。自古有道之主，以百姓之心为心，故君处台榭，则欲民有栋宇之安；食膏粱，则欲民无饥寒之患；顾嫔御⑤，则欲民有室家⑥之欢。此人主之常道也。今郑氏之女，久已许人，陛下取之不疑，无所顾问，播之四海，岂为民父母之道乎？臣传闻虽或未的，然恐亏损圣德，情不敢隐。君举必书，所愿特留神虑。』太宗闻之大惊，手诏答之，深自克责，遂停策使，乃令女还旧夫。左仆射房玄龄、中书令温彦博、礼部尚书王珪、御史大夫韦挺等云：『女适陆氏，无显然之状，大礼既行，不可中止。』又陆氏抗表云：『某父康在日，与郑家往还，时相赠遗资财，初无婚姻交涉⑦亲戚。』并云：『外人不知，妄有此说。』大臣又劝进。太宗于是颇以为疑，问征曰：『群臣或顺旨，陆氏何为过尔分疏？』征曰：『以臣度之，其意可识，将以陛下同于太上皇。』太宗曰：『何也？』征曰：『太上皇初平京城，得辛处俭妇，稍蒙宠遇。处俭时为太子舍人，太上皇闻之不悦，遂令出东宫为万年县，每怀战惧，常恐不全首领。陆爽以为陛下今虽容之，恐后阴加谴谪⑧，所以反复自陈，意在于此，不足为怪。」太宗笑曰：「外人意见，或当如此。然朕之所言，未能使人必信。」乃出敕曰：「今闻郑氏之女，先已受人礼聘，前出文书之日，事不详审，此乃朕之不是，亦为有司之过。授充华者宜停。」时莫不称叹。

**注释**

①姝：美丽，美好。②文德皇后：即长孙皇后，去世后谥号文德。③充华：宫中的女官名。④策使：役使，差遣。这里指传旨的使节。⑤嫔御：古代帝王或诸侯的侍妾与宫女。⑥室家：即夫妇。如《诗经·周南·桃夭》有：「桃之夭夭，灼灼其华。之子于归，宜其室家。」孔颖达疏曰：「《左传》曰：『女有家，男有室。』室家，谓夫妇也。」⑦交涉：关联。⑧谴谪：贬降。

**译文**

贞观二年（628年），曾任隋朝通事舍人的郑仁基的女儿十六七岁，容貌非常美丽，当时无人能及，文德皇后通过寻访得到了她，请求留在唐太宗身边作为嫔妃，唐太宗于是把她封为充华。诏书已经拟好了，传旨的人还没有出发。魏征听说这个女子已经许嫁给陆家，于是急忙进宫对唐太宗说：「陛下您作为人民的父母，爱护天下的百姓，应当以他们的忧虑为自己的忧虑，以他们的快乐为自己的快乐。自古以来有道的君主，都是把老百姓所想的当做自己所想的，所以君主身处亭台楼榭之间，就会想到要让老百姓有房屋可以安身；吃着美味佳肴，就会想到要让老百姓没有忍饥挨饿的忧虑；看着身边的嫔妃和宫女，就会想到要让老百姓有男女嫁娶的快乐。这是作为君主的一般的规则。如今郑家的女儿，已经许配人家很长时间了，陛下您毫不迟疑地将她留在宫里，不做任何询问，这件事如果传扬出去，难道是作为人民父母的人应当做的吗？我所听到的消息虽然并不一定确切，但是怕对圣上您的德行有所减损，所以心里不敢有所隐瞒。君主的一举一动都会留下记载，所以希望您能够特别留心、谨慎。」唐太宗听了之后非常吃惊，手写诏书答复他，



自己深深进行了自责，因此取消了传旨的使节，于是命令把这个女子还给她以前的夫家。左仆射房玄龄、中书令温彦博、礼部尚书王珪、御史大夫韦挺等人都说：「这个女子许配给陆家，并没有确切的凭据，册封的典礼已经举行了，不能够中途取消。」陆家也上表直言说：「我父亲在世的时候，与郑家有来往，经常有一些财物上的馈赠，并没有婚姻关联的亲戚关系。」并且说：「外面的人不知道，所以才有那些虚妄的说法。」大臣们又劝唐太宗册封她。于是唐太宗对这件事非常犹豫，问魏征说：「大臣们或许是为了顺从我的旨意，陆家为什么要这样强烈地上疏分辩呢？」魏征说：「依我看来，他的意图很明显，是把您等同于太上皇了。」唐太宗说：「为什么？」魏征说：「太上皇刚刚攻克了京城时，得到了辛处俭的妻子，对其有些宠爱。辛处俭当时为太子舍人，太上皇听说之后不高兴，于是下令让他离开太子宫到万年县当县令，辛处俭心里一直非常恐惧，经常怕脑袋保不住。陆爽认为陛下您今天虽然容得下他，害怕日后会对其暗地里加以贬降，所以才反复上书自解，他的想法就是这样，不值得奇怪。」唐太宗笑着说：「外面人的看法，也许就是这样。然而这也是因为我所说的，没有使别人完全相信。」于是下诏书说：「如今听说郑家的女儿，先前已经接受了人家的聘礼，从前发布文书的时候，事情没有仔细审察，这是我的不对，也是有关官署的过错。封她为充华的事就此停止。」当时人们没有不赞叹的。

**评点**

知过能改是一种美德，像魏征这样执着劝谏唐太宗要收回成命做有道之主，更是难能可贵的。

贞观三年，诏关中免二年租税，关东给复①一年。寻有敕：『已役已纳，并遣输纳，明年总为准折②。』给事中魏征上书曰：『伏见八月九日诏书，率土皆给复一年，老幼相欢，或歌且舞。又闻有敕，丁已配役，即令役满折造③，余物亦遣输了，待明年总为准折。道路之人，咸失所望。此诚平分百姓，均同七子④。但下民难与图始，日用不足⑤，皆以国家追悔前言，二三其德⑥。臣窃闻之，天之所辅者仁，人之所助者信。今陛下初膺大宝⑦，亿兆观德。始发大号⑧，便有二言，生八表⑨之疑心，失四时之大信。纵国家有倒悬之急，犹必不可，况以泰山之安，而辄行此事！为陛下为此计者，于财利小益，于德义大损。臣诚智识浅短，窃为陛下惜之。伏愿少览臣言，详择利益。冒昧之罪，臣所甘心。』

简点使右仆射封德彝等，并欲中男⑩十八已上，简点⑪入军。敕三四出，征执奏以为不可。德彝重奏：『今见简点者云，次男⑫内大有壮者。』太宗怒，乃出敕：『中男已上，虽未十八，身形壮大，亦取。』征又不从，不肯署敕。太宗召征及王珪，作色而待之，曰：『中男若实小，自不点入军；若实大，亦可简取。于君何嫌⑬？过作如此固执，朕不解公意！』征正色曰：『臣闻竭泽取鱼，非不得鱼，明年无鱼；焚林而畋，非不获兽，明年无兽。



若次男已上，尽点入军，租赋杂徭，将何取给？且比年国家卫士，不堪攻战。岂为其少？但为礼遇失所，遂使人无斗心。若多点取人，还充杂使，其数虽众，终是无用。若精简壮健，遇之以礼，人百其勇，何必在多？陛下每云，我之为君，以诚信待物，欲使官人百姓，并无矫伪之心。自登极已来，大事三数件，皆是不信，复何以取信于人？』太宗愕然曰：『所云不信，是何等也？』征曰：『陛下初即位，诏书曰：「逋租宿债⑭，欠负⑮官物，并悉原免⑯。」即令所司，列为事条⑰，秦府国司，亦非官物⑱。陛下自秦王为天子，国司不为官物，其余物复何所有？又关中免二年租调，关外给复一年。百姓蒙恩，无不欢悦。更有敕旨：「今年白丁⑲多已役讫，若从此放免，并是虚荷国恩，若已折已输，令总纳取了，所免者皆以来年为始。」散还之后，方更征收，百姓之心，不能无怪。已征得物，便点入军，来年为始，何以取信？又共理所寄，在于刺史、县令，常年貌税，并悉委之。至于简点，即疑其诈伪。望下诚信，不亦难乎？』太宗曰：『我见君固执不已，疑君蔽此事。今论国家不信，乃人情不通。我不寻思，过亦深矣。行事往往如此错失，若为致理？』乃停中男，赐金瓮一口，赐珪绢五十匹。

注释

①给复：免除赋税徭役。②准折：抵消，抵折。③折造：折算租税。造：稻子等作物从播种到收割的次数，

这里指租赋。④均同七子：指君主对老百姓的恩德平等均一。语出《诗经·曹风·鸤鸠》：『鸤鸠在桑，其子七兮。』毛传曰：『鸤鸠之养其子，朝从上下，莫从下上，平均如一。』郑玄笺曰：『喻人君之德当均一于下也。』⑤日用不足：《魏郑公谏录》、《全唐文》等均做『日用不知』。《周易·系辞》说：『一阴一阳之谓道，继之者善也，成之者性也。仁者见之谓之仁，知者见之谓之知，百姓日用而不知。』意思是渗透在生活之中而体会不到。⑥二三其德：出自《诗经·卫风·氓》：『士也罔极，二三其德。』意思是三心二意，反复无常。二三：不专一。⑦初膺大宝：指刚刚登上帝位。膺：接受，承当。大宝：指皇帝之位。⑧大号：帝王的号令。⑨八表：指极远的地方。⑩中男：未成丁的男子。唐初规定21岁成丁，16至20岁为中男。⑪简点：挑选，选定。⑫次男：这里指『中男』。⑬嫌：怀疑其可能性。⑭逋租宿债：欠租旧债。逋：音bū，拖欠。宿：老的，积久的。⑮欠负：亏欠捐税等。⑯原免：赦免，免除。⑰事条：条理，法规。⑱秦府国司，亦非官物：指诏令发布之后，有司以为负秦府国司者，非官物，征督如故。⑲白丁：临时征集的壮丁。

**译文**

贞观三年（629年），唐太宗下诏关中地区免除两年的租税，关东地区免除赋税徭役一年。不久之后又下了一道命令，说：『已经征发徭役、缴纳赋税的，一起征发、缴纳上来，明年一并进行折算。』给事中魏征上书说：『我看到八月九日的诏书，全国都免除徭役赋税一年，全国老少都非常高兴，有的还载歌载舞来庆祝。而我又听说您下了一道命令，男丁已经调配从事劳役的，就让他们劳役期满后抵折租赋，其余的物资也下令收上来了，等到明年一并进行折算。国家中的每一个人，所盼望的都成了泡影。这的确是对老百姓平等对待，恩德均一的做法。但是，普通的老百姓很难与他们从头一起谋划事情，日常生活中感受不到恩德，他们就都会认为国家已经说过的话不算数，做事反复无常。我听说，上天所保佑的是仁德，人民所扶助的是信义。如今陛下您刚刚登上帝位，天下的百姓都在看着您的德行。您刚刚发出号令，就产生了不一致的声音，这将导致全国各地都会产生疑惑之心，使您失去就如同四季轮回不容紊乱一样的信义。即使在国家异常危难的时候，都不能这样做，何况现在国家像泰山一样安稳，却做出了这样的事情呢！为您就这件事考虑，从财物利益上得到了小的好处，在德行信义上却受到了大的损失。我的确是头脑愚钝，见识短浅，暗地里为陛下您感到惋惜。希望您稍微看一下我说的话，仔细地权衡一下利害。冒昧进言的罪过，我甘心承担。』

简点使右仆射封德彝等人，都打算让十八岁以上未成年的中男，挑选去服兵役。唐太宗的命令发出了三四次，魏征执意上奏认为不能这样做。封德彝又上奏说：『如今听前去挑选的人说，未成年中男中有许多长得健壮的。』唐太宗非常生气，于是下令说：『中男以上，即使没有到十八岁，身体长得健壮高大，也可以挑选。』魏征又不同意，不肯签署命令。唐太宗于是招来了王珪和魏征，脸色非常生气地接待了他们，说：『中男如果长得矮小，自然不会挑选进军队；如果的确高大，也是可以挑选的。你们又有什么疑忌的呢？这样过分地固执己见，我不理解你们的意图！』魏征严肃地说：『我听说竭泽而渔，不是因为抓不到鱼，而是明年就会无鱼可抓；焚林而猎，不是因为捕不到野兽，而是明年就没有野兽可捕。如果中男以上，都挑选到军队中去，租税贡赋杂役徭役，将要从哪里取得？况且近年以来国家的军卒，进攻作战能力差。难道是因为人数太少吗？只是因为没有对他们加以礼遇，于是使得人人没有斗志。如果挑选的人太多，又要让他们去干一些杂事，人数虽然众多，最终也没有用处。如果精心挑选健壮士卒，以礼对待他们，一个人的勇气百倍增加，何必要很多人呢？陛下您经常说，我做君主，以诚信待人，想要使官吏百姓，都没有虚伪造作之心。自从您继承帝位以来，做的许多件大事，都是不遵守信义的，这又怎么能够取信于人呢？』唐太宗惊愕地说：『你所说的不守信义的事情，都是哪些呢？』魏征说：『陛下您刚刚即位，下诏书说：「欠租旧债，亏欠官府的物质，全部都免除。」马上又下令给相关部门，将其列为法规，秦王府是国家的部门，它的财产却不是官府的物资。陛下您从秦王当上了天子，国家的部门的财产不是官府的物资，其余还有什么是官府的物资呢？还有，关中免除两年的租税和徭役，关外免除一年的租税和徭役。老百姓蒙受了恩典，无不欢欣鼓舞。又下了一道命令说：「今年征集的壮丁大多已经服役期满，如果从现在开始免除，都是虚受国家的恩典，如果已经折纳或已经缴纳的租税，都让一起缴纳上来，所免除的都从明年开始。」下令遣散返还之后，却又再次征收，百姓们的心里，不可能不产生疑惑。已经征收上来的物资，就划拨给了军队，从明年开始免除，怎么能够取信于民呢？还有，一起治理国家可以托付的，在于刺史、县令，每年征收赋税，都委托给他们。可是到了选拔兵卒的时候，却又怀疑他们弄虚作假。这样的话期望下面的人诚实守信，不是非常困难吗？」唐太宗说：「我看到你一直固执己见，以为你对这件事有偏见。如今谈到的国家不守信义，这是人心所不能接受的。我没有仔细考虑，过错很大啊。做事如果经常这样产生过错和失误，怎么能够达到把国家治理好的目标呢？」于是停止征选中男，赐给魏征一口金瓮，赐给王珪五十匹绢帛。

**评点** 《论语·学而篇》强调：「言而有信。」对个人立身处世来说，诚信是根本；对国家治理来说，诚信更是必然的要求。如果人民对政府失去了信任，任何政治措施都将无法推行。



贞观五年，治书侍御史权万纪、侍御史李仁发，俱以告讦谮毁①，数蒙引见②，任心弹射③，肆其欺罔，令在上震怒，臣下无以自安。内外知其不可，而莫能论诤。给事中魏征正色而奏之曰：「权万纪、李仁发并是小人，不识大体，以谮毁为是，告讦为直，凡所弹射，皆非有罪。陛下掩其所短，收其一切，乃骋其奸计，附下罔上，多行无礼，以取强直之名。诬房玄龄，斥退张亮，无所肃厉④，徒损圣明。道路之人，皆兴谤议。臣伏度圣心，必不以为谋虑深长，可委以栋梁之任，将以其无所避忌，欲以警厉群臣。若信狎回邪⑤，犹不可以小谋大，群臣素无矫伪，空使臣下离心。以玄龄、亮之徒，犹不可得伸其枉直，其余疏贱，孰能免其欺罔？伏愿陛下留意再思。自驱使二人以来，有一弘益，臣即甘心斧钺，受不忠之罪。陛下纵未能举善以崇德，岂可进奸而自损乎？」太宗欣然纳之，赐征绢五百匹。其万纪又奸状渐露，仁发亦解黜，万纪贬连州司马。朝廷咸相庆贺焉。

**注释** ①告讦谮毁：告密、揭发、谗间、毁谤。②引见：即接见。皇帝接见臣下或宾客时要由有关大臣引导入见。③弹射：指摘，抨击。④肃厉：同「肃励」，整饬。⑤信狎回邪：信任亲近奸邪之人。回邪：邪曲，邪僻。这里指奸邪之徒。

**译文** 贞观五年（631年），治书侍御史权万纪、侍御史李仁发，都因为告密、揭发、谗间、毁谤，多次被唐太宗接见，他们任意指摘别人，肆意欺君罔上，使得皇上非常生气，臣下惴惴不安。朝廷内外都知道这样下去不妥，但没有人能够据理谏诤。给事中魏征神情严肃地启奏说：「权万纪、李仁发都是小人，他们不识大体，认为谗间、毁谤是正确的，告密、揭发是正直的，凡是他们所指摘抨击的，都不是因为有罪过。陛下掩盖他们的短处，听从他们所说的一切，这是纵容他们奸邪的心地，拉拢下属，欺骗君上，做出许多不守礼制的事情，来攫取刚强正直的名声。他们诬陷房玄龄，斥退张亮，不能整饬朝纪，只能损伤您的圣明。国中的任何一个人，都纷纷议论指责。我私下里揣度圣上的意思，您一定不是认为他们有远见卓识，可以委以重任，而是打算利用他们无所顾及，想要以此来警示督促群臣。如果信任亲近奸邪之人，也是不可能用小用处谋取大目标的，群臣一直都没有虚伪造作之下，这只能使臣下对您产生二心。像房玄龄、张亮这类人，尚且不能够伸辩曲直，其余与您并不亲近，地位更加低下的人，谁能够免于他们的欺骗带来的不良后果呢？希望陛下能够留心再加思考。自从任用这两个人以来，如果从他们那里受到一点补益，我甘愿领受重刑惩罚，接受不忠的罪名。陛下您即使不能选拔善人来增进您的德行，怎么能够容纳奸人使自己的德行受损呢？」唐太宗欣然接受了他的劝谏，赐给魏征五百匹绢帛。权万纪的奸邪行状逐渐显露出来，李仁发也被罢职，权万纪被贬为连州司马。朝廷上下都因此而相互庆贺。

**评点** 识人才能用人，一个人做事的行迹容易考察，而内心的动机却是很难看清的。因此从古至今，许多人都想总结出一套对人进行鉴别的可靠方法，以避免被表面现象所蒙蔽。

贞观六年，有人告尚书右丞魏征，言其阿党①亲戚。太宗使御史大夫温彦博案验②其事，乃言者不直。彦博奏称，征既为人所道，虽在无私，亦有可责。遂令彦博谓征曰：『尔谏正我数百条，岂以此小事，便损众美。自今已后，不得不存形迹③。』居数日，太宗问征曰：『昨来④在外，闻有



何不是事？』征曰：『前日令彦博宣敕语臣云：「因何不存形迹？」此言大不是。臣闻君臣同气⑤，义均一体。未闻不存公道，惟事形迹。若君臣上下，同遵此路，则邦国之兴丧，或未可知！』太宗瞿然⑥改容曰：『前发此语，寻已悔之，实大不是，公亦不得遂怀隐避⑦。』征乃拜而言曰：『臣以身许国，直道而行，必不敢有所欺负。但愿陛下使臣为良臣，勿使臣为忠臣。』太宗曰：『忠良有异乎？』征曰：『良臣使身获美名，君受显号，子孙传世，福禄无疆。忠臣身受诛夷，君陷大恶，家国并丧，独有其名。以此而言，相去远矣。』太宗曰：『君但莫违此言，我必不忘社稷之计。』乃赐绢二百匹。

**注释** ①阿党：逢迎上意，徇私枉法；比附于下，结党营私。《礼记·月令》有：『是察阿党，则罪无有掩蔽。』郑玄注曰：『阿党，谓治狱吏以私恩曲桡相为也。』孙希旦《集解》曰：『阿，谓有所曲徇于上。党，谓有所私附于下。』这里专指为了私情而偏袒。②案验：查询验证。③存形迹：留意言行举止。④昨来：近来。⑤同气：气质相同，气类相投。⑥瞿然：惊骇貌。⑦隐避：隐藏，隐讳，隐瞒。

**译文** 贞观六年（632年），有人告发尚书右丞魏征，说他偏袒自己的亲戚。唐太宗派御史大夫温彦博去查询验证这件事，结果表明告发的人歪曲事实。温彦博上奏说，魏征已经为人所称道，虽然这件事表明其无私，也有可以责备的地方。于是唐太宗命温彦博对魏征说：『你劝谏匡正我达数百条，怎么能因为这样的小事，而损害了你的众多优点呢。从此以后，你应当留意自己的言行举止。』过了一些时候，唐太宗问魏征：『近来在外面，听说有什么做的不对的事情

吗？』魏征说：『前段时间您令温彦博宣读敕令对我说：「为什么不留意自己的言行举止？」这话说得非常不对。我听说君臣气质相类，应当像一个整体一样协调一致。没有听说过心里不存公心，只是注重于言行举止。如果君臣上下，都遵循这条道路，那么国家是兴旺还是衰落，恐怕还不知道啊！』唐太宗大惊，改变了脸色说：『以前说出了这样的话，不久便已经后悔了，的确是非常不对，你不要因此而心里有所隐瞒。』魏征于是下拜说道：『我已经把我自己交给国家了，遵循正直的道理行动，一定不敢有所欺骗和辜负，只是希望陛下您让我成为一个良臣，不要让我成为一个忠臣。』唐太宗说：『忠和良有区别吗？』魏征说：『良臣使自己获得好名声，君主得到显耀的名号，子子孙孙传承下去，福祉禄位无穷无尽。忠臣使自己受到了杀害，君主背上极大的恶名，家和国都灭亡了，只有他的名声留了下来。因此而言，相差太远了。』唐太宗说：『你只要不违背了这些话，我一定不会忘记为社稷考虑。』

**评点** 历史上的确有许多君主，一味指责大臣不忠心，而不反思自己的行为。魏征对于忠臣和良臣的区分，对于位居人上者来说可谓具有警醒的作用。所以戈直说：『魏征忠良之议美矣。』

贞观六年，匈奴克平①，远夷入贡，符瑞②日至，年谷频登③。岳牧④等屡请封禅⑤，群臣等又称述功德，以为『时不可失，天不可违，今行之，臣等犹谓其晚』。惟魏征以为不可。太宗曰：『朕欲得卿直言之，勿有所隐。朕功不高耶？』曰：『高矣。』『德未厚耶？』曰：『厚矣。』『华夏未安耶？』曰：『安矣。』『远夷未慕⑥耶？』曰：『慕矣。』『符端未至耶？』曰：







『至矣。』『年谷未登耶？』曰：『登矣。』『然则何为不可？』对曰：『陛下功高矣，民未怀惠。德厚矣，泽未旁流⑦。华夏安矣，未足以供事⑧。远夷慕矣，无以供其求。符端虽臻⑨，而罻罗⑩犹密。积岁丰稔，而仓廪尚虚。此臣所以窃谓未可。臣未能远譬，且借近喻于人。有人长患疼痛，不能任持，疗理且愈，皮骨仅存，便欲负一石米，日行百里，必不可得。隋氏之乱，非止十年。陛下为之良医，除其疾苦，虽已乂安⑪，未甚充实，告成天地，臣窃有疑。且陛下东封，万国咸萃⑫，要荒⑬之外，莫不奔驰。今自伊、洛⑭之东，暨⑮乎海、岱⑯，萑莽巨泽⑰，茫茫千里，人烟断绝，鸡犬不闻，道路萧条，进退艰阻。宁可引彼戎狄，示以虚弱？竭财以赏，未厌远人之望；加年给复，不偿百姓之劳。或遇水旱之灾，风雨之变，庸夫⑱邪议，悔不可追。岂独臣之诚恳，亦有舆人之论⑲。』太宗称善，于是乃止。

**注释** ①匈奴克平：突厥被平定。匈奴：这里指突厥。克平：征服，平定。②符瑞：吉祥的征兆。古代常把一些不常见的自然显现或动植物的出现当做符瑞，以此赞颂帝王的功德。③登：成熟，丰收。④岳牧：指封疆大吏，地方官员，为传说中尧舜时四岳十二牧的省称。⑤封禅：古代帝王祭天地的大典，一般在泰山举行。在泰山上筑土为坛，报天之功，称『封』；在泰山下的梁父山上辟场祭地，报地之德，称『禅』。⑥慕：仰慕归化。⑦旁流：广泛流布。⑧供事：指供给祭祀天地等大事的财力和能力。⑨臻：到达，来到。⑩罻罗：捕鸟的网，比喻法网。罻：音wèi，捕鸟的小网。⑪乂安：太平，安定。⑫萃：汇集。⑬要荒：王畿外极远之地，亦泛指远方之国。要：要服；荒：荒服。古代王畿外围，以五百里为一区划，由近及远分为侯服、甸服、绥服、要服、荒服，合称五服。⑭伊、洛：伊水和洛水流域。伊：即伊水或伊河，在河南省西部，源出伏山，汇入洛河。洛：即洛水或洛河，源于中国陕西省洛南县，东流经河南省入黄河。⑮暨：到，至。⑯海、岱：指东海和泰山。岱：泰山的别称。⑰萑莽巨泽：芦苇丛生的大沼泽。萑：音huán，长成的芦苇类植物。⑱庸夫：平庸的人，这里指一般百姓。⑲舆人之论：民众的言论，一般人的议论。《左传·僖公二十八年》有『听舆人之诵』，《晋书·王沈传》中有『自古圣贤，乐闻诽谤之言，听舆人之论』。舆人：车夫，轿夫，代指一般人。

**译文** 贞观六年（632年），突厥被平定，边远的民族入朝纳贡，吉祥的征兆接连出现，庄稼连年获得丰收。地方官员们屡次请求唐太宗举行封禅大典，朝中大臣们也在歌功颂德，认为『时机不能丧失，天命不能违抗，今天举行典礼，我们都还觉得晚』。只有魏征认为不可行。唐太宗说：『我想要听听你的直言，不要有所隐瞒。我的功劳还不算高吗？』魏征说：『很高了。』『我的恩德还不算厚吗？』魏征说：『很厚了。』『国家还没有安定吗？』魏征说：『安定了。』『边远的民族还没有归化吗？』魏征说：『归化了。』『吉祥的征兆还没有来到吗？』魏征说：『来到了。』『每年的谷物没有丰收吗？』魏征说：『丰收了。』『那么为什么还不能封禅呢？』魏征回答说：『陛下您的功劳很高了，但老百姓还没有感受到恩惠。恩德很厚了，但恩泽还没有广泛流布。国家已经安定了，但还没有足够的能力供给大事。边远的民族归化了，但还没有能力满足他们的要求。吉祥的征兆虽然出现了，但是网罗仍然非常繁密。连年粮食丰收，但是仓库还很空虚。这是我私下里认为不可以的原因。我不能打更远的比方，就让我用人来做个切近的比喻。有人长期患病疼痛，不能自理，经过治疗护理之后将要痊愈，仅剩下了皮包着骨头，便想背负着一担米，一天走一百里路，一定不能实现。隋朝的混乱，不止十年。陛下为之精心医治，消除了它带来的病痛，虽然已经实现了安定，但天下并不是很充实，这时候向天地汇报成功，我私下里很疑惑。况且陛下到东方去封禅，天下各地的人都汇集而来，几千里之外的偏远地区，莫不因此事在路上奔忙。如今从伊水、洛水往东，一直到东海和泰山，芦苇丛生的大沼泽，茫茫上千里，人烟断绝，鸡犬不闻，道路萧条，进退艰难。怎么能够把边远民族引导这里来，让他们看我们的虚弱之处呢？耗空财物进行赏赐，不能满足远方之人的期望；连年免除赋税劳役，不能补偿老百姓的劳顿。如果遇上水旱灾害，风雨不调，不利的言论在民众中产生并蔓延，后悔就来不及了。这并非我一个人的诚心恳请，也是一般老百姓的议论。』唐太宗称赞他说得对，于是不再封禅。

**评点** 《荀子》中说：将帅要时时地审知利害得失，始终如一，这样才能确保没有危险。因此古人说，『智者之虑，杂于利害』。只有不被已经取得的成绩遮住了眼睛，才能有更大的成功。

贞观七年，蜀王①妃父杨誉在省竞婢②，都官郎中薛仁方留身勘问③，未及予夺④。其子为千牛⑤，于殿庭⑥陈诉云：『五品以上非反逆不合留身，以是国亲，故生节目⑦，不肯决断，淹留岁月⑧。』太宗闻之，怒曰：『知是我亲戚，故作如此艰难。』即令杖仁方一百，解所任官。魏征进曰：『城狐社鼠⑨皆微物，为其有所凭恃，故除之犹不易。况世家⑩贵戚，旧号难理，汉、晋以来，不能禁御，武德之中，以多骄纵，陛下登极，方始萧条。仁方既是职司，能为国家守法，岂可枉加刑罚，以成外戚之私乎！此源一开，万端争起，后必悔之，将无所及。自古能禁断此事，惟陛下一人。备豫不虞⑪，为国常道，岂可以水未横流⑫，便欲自毁堤防？臣窃思度，未见其可。』太宗曰：『诚如公言，向者不思。然仁方辄禁不言，颇是专权，虽不合重罪，宜少加惩肃。』乃令杖二十而赦之。

**注释**

①蜀王：即唐太宗第六子李愔，贞观五年（631年）封梁王，十年（636年）又改封蜀王。屡次为非作歹，被唐太宗贬为虢州刺史。唐高宗时被废为庶人，后改为涪陵王。②在省竞婢：在宫禁中追逐宫女。省：王宫禁署，禁中。竞：追逐。③留身勘问：拘留人身进行审问。留身：拘留人身。勘问：查问，审问。④予夺：裁决，裁夺。⑤千牛：禁卫官千牛备身、千牛卫的省称，为君王护卫。⑥殿庭：宫殿阶前平地。这里指朝廷。⑦节目：枝节，麻烦。⑧淹留：羁留岁月：指一段时间。⑨城狐社鼠：城墙洞中的狐狸，社坛里的老鼠。要掏挖狐狸恐怕毁坏城池，要熏死老鼠恐怕烧灼社庙，常用以比喻有所凭依而为非作歹的人。⑩世家：世禄之家，也泛指门第高贵的家族或大家。贵戚：帝王的亲族。⑪备豫不虞：出自《左传·文公六年》：『备豫不虞，古之善教也。』备豫：防备，防范。不虞：出乎意料的事。⑫横流：大水不循道而泛滥。

**译文**

贞观七年（633年），蜀王妃的父亲杨誉在宫禁中追逐宫女，被都官郎中薛仁方拘留人身进行审问，还没有来得及裁决。杨誉的儿子任千牛卫，在朝廷上向唐太宗陈诉说：『五品以上的官员不是因为造反叛逆不适宜拘留人身，因为我父亲是皇亲，所以才惹出这样的麻烦，薛仁方不肯裁决，已经羁留了一段时间。』唐太宗听了，生气地说：『知道是我的亲戚，所以才做这样的刁难。』马上下令打薛仁方一百杖。撤销他所担任的官职。魏征进言说：『城墙洞中的狐狸，社坛里的老鼠，都是小东西，因为它们有所凭依，所以除掉它们尚且不容易。况且门第高贵的人家，帝王的亲族，一向被称作难以管理，汉代、晋代以来，不能对他们禁止和驾驭，武德年间，已经经常骄横放纵，陛下登极之后，才开始有所收敛。薛仁方既然是具有一定职责的官员，能够维护国家法律，怎么能够不公正地对其施以刑罚，以此来助长帝王亲族的私欲呢！这个先例一开，各种事端就会纷纷发生，以后一定会后悔，将没有办法改变。自古以来能够禁绝此类事情的，只有陛下一个人。防备出乎意料的事情发生，是治理国家的一般规则，怎么能够大水还没有泛滥，就打算自己毁掉堤防呢？我私下里考虑，没有觉得这种做法可行。』唐太宗说：『的确像你说得这样，以前没有考虑。但是薛仁方动不动就囚禁人而不上奏，过于专权，虽然不适宜重罪处罚，也应当稍微加以惩戒。』于是下令打了薛仁方二十杖后放了他。



**评点**

『乃令杖二十而赦之』，从唐太宗对待薛仁方的态度上看，克制个人私情的确是不那么简单的事情。后人对唐太宗这件事的处理也颇有非议。

贞观八年，左仆射房玄龄、右仆射高士廉于路逢少府监窦德素，问北门近来更何营造。德素以闻。太宗乃谓玄龄曰：『君但知南衙①事，我北门少有营造，何预君事？』玄龄等拜谢。魏征进曰：『臣不解陛下责，亦不解玄龄、士廉拜谢。玄龄既任大臣，即陛下股肱耳目，有所营造，何容不知？责其访问官司②，臣所不解。且所为有利害，役工有多少，陛下所为善，当助陛下成之；所为不是，虽营造，当奏陛下罢之。此乃君使臣、臣事君之道。玄龄等问既无罪，而陛下责之，臣所不解；玄龄等不识所守，但知拜谢，臣亦不解。』太宗深愧之。

**注释**

①南衙：唐代宰相官署。因中书、门下、尚书三省均在皇宫之南，故称。②官司：官府，相关主管部门。

**译文**

贞观八年（634年），左仆射房玄龄、右仆射高士廉在路上遇到了少府监窦德素，问他北门最近又有什么建筑工程。窦德素把这件事告诉了唐太宗。唐太宗于是对房玄龄说：『你只管处理好你南衙内的事情，我在北门有小建造，与你何干？』房玄龄等人下拜谢罪。魏征进言说：『我不理解陛下您为什么责备他们，也不理解房玄龄、高士廉为什么要下拜谢罪。房玄龄既然作为朝中的重臣，就是陛下的股肱耳目，有所建造，为什么不允许他们知道？责备他们向有关部门询问，我不理解。况且所做的营造这样的事情有利与害之别，使用的人力有多与少之分，陛下所做的事情如果是好事，他们应当帮助您完成；所做的不是好事，即使已经开始建造，也应当启奏陛下停止建造。这是君主使用臣属，臣属侍奉君主的基本道理。房玄龄等人询问既然没有错，但是陛下却责备他们，这是我所不理解的；房玄龄等人不知道自己的职守，只知道下拜请罪，我也不理解。』唐太宗感到非常惭愧。

**评点**

在这件事情中，前人比较关注的一个问题是宰相的职责问题。如朱黼评论说：『宰相之职无所不统。……怎么能够有营造这样的所谓小事，而宰相却不知道的道理呢？以将军管理朝廷之内的事情，以宰相管理朝廷之外的事情，这正是汉朝政治混乱的原因。唐太宗刚刚革新了机构，重新制定了典章。只是打算使宰相专门管理南衙政事，不参预北门的营建事宜这件事，这是将朝廷一分为二，使内外判若两途，让一个办事机构处于宰相的地位上。如果不是魏征极言劝谏，那么唐朝的宰相一职还符合正理吗！』





贞观十年，越王①，长孙皇后所生，太子介弟②，聪敏绝伦，太宗特所宠异。或言三品以上皆轻蔑王者，意在谮侍中魏征等，以激上怒。上御齐政殿，引三品已上入坐定，大怒作色而言曰：『我有一言，向公等道。往前天子，即是天子，今时天子，非天子耶？往年天子儿，是天子儿，今日天子儿，非天子儿耶？我见隋家诸王，达官③已下，皆不免被其踬顿④。我之儿子，自不许其纵横⑤，公等所容易过，得相共轻蔑。我若纵之，岂不能踬顿公等！』玄龄等战栗，皆拜谢。征正色而谏曰：『当今群臣，必无轻蔑越王者。然在礼，臣、子一例，《传》⑥称，王人⑦虽微，列入诸侯之上。诸侯用之为公，即是公；用之为卿，即是卿。若不为公卿，即下士于诸侯也⑧。今三品以上，列为公卿，并天子大臣，陛下所加敬异⑨。纵其小有不是，越王何得辄加折辱⑩？若国家纪纲废坏，臣所不知。以当今圣明之时，越王岂得如此？且隋高祖⑪不知礼义，宠树⑫诸王，使行无礼，寻以罪黜，不可为法，亦何足道？』太宗闻其言，喜形于色，谓群臣曰：『凡人言语理到，不可不伏⑬。朕之所言，当身⑭私爱；魏征所论，国家大法。朕向者忿怒，自谓理在不疑，及见魏征所论，始觉大非道理。为人君言，何可容易⑮！』召玄龄等而切责⑯之，赐征绢一千匹。

**注释**

①越王：唐太宗第八子李贞。②介弟：对他人之弟的敬称，或对自己弟弟的爱称。③达官：职位贵显而又受到皇帝顾命之重的大臣。也泛指高官。④踬顿：原意为失足跌倒，引申为挫辱、辱弄。⑤纵横：放纵骄横，肆无忌惮，无所顾忌。⑥《传》：『传』是注释或阐述经义的文字。下面所引的文字当是据《春秋谷梁传·僖公八年》：『八年春，王正月，公会王人、齐侯、宋公、卫侯、许男、曹伯、陈世子款，盟于洮。王人之先诸侯何也？贵王命民。朝服虽敝，必加于上，弁冕虽旧，必加于首，周室虽衰，必先诸侯。』⑦王人：王室的属官。⑧即下士于诸侯也：此句素称难解。有人认为『下士于诸侯』应为『下士之诸侯』，即地位低于士的诸侯，过于牵强。根据上下文，合理的解释是『诸侯』下脱『之上』二字。另可参照《元史·外夷列传二》：『考之《春秋》叙王人于诸侯之上，《释例》云：王人盖下士也。夫五等邦君，外臣之贵者也。下士，内臣之微者也。以微者而加贵者之上，盖以王命为重也。』⑨敬异：敬重，推崇。⑩折辱：侮辱。⑪隋高祖：即隋文帝杨坚，庙号高祖。⑫宠树：加恩扶持。⑬伏：屈服，信服。⑭当身：自身，本人。⑮容易：轻率，草率，轻易。⑯切责：严厉责备。





**译文**

贞观十年（636年）。越王，长孙皇后所生，是太子的弟弟，非常聪明机敏，唐太宗对他特别宠爱。有人说三品以上的官员都对越王轻蔑，意在毁谤侍中魏征等人，以激怒唐太宗。唐太宗到了齐政殿，把三品以上的人招来，落座之后，满脸怒色地说：『我有一句话，向你们说说。以前的天子，是天子，今日的天子，就不是天子吗？过去的天子的儿子，是天子的儿子，今天的天子的儿子，就不是天子的儿子吗？我看到隋朝的各亲王，从朝中的高官往下，都难免受他们侮辱。我的儿子，自然不允许他放纵骄横，你们所以才很容易地不被捉弄，你们却一起蔑视他。我如果放纵他，难道他会不辱弄你们吗？』房玄龄等人非常害怕，都下拜请罪。魏征面色严肃地说：『如今的这些大臣，一定没有对越王轻蔑的。然而就礼制而言，臣子、儿子都应一样看待，前人的《传》中说，王室的属官虽然卑微，也要列在诸侯之上。诸侯被天子任用为公，他才是公；把他任用为卿，他才是卿。如果不被任用为公卿，王室最卑微的属官下士就要列于诸侯之上。如今三品以上的官员，都位列公卿，都是天子的大臣，为陛下所加以敬重推崇。即使他们稍微有些不对，越王为什么能够动不动就加以侮辱？如果国家纲纪废弛败坏，我就不知道了。但以当今圣明之世，越王哪能够这样？况且隋高祖不懂得礼义，加恩扶持各位亲王，使他们行为不遵守礼制，不久之后都因罪被废黜，这是不能作为榜样效法的，又有什么可以称道的呢？』唐太宗听了他的话，喜形于色，对大臣们说：『凡是别人所说的话切合道理，不能不信服。我所说的话，是出于我自身的个人偏爱；魏征所谈论的，是国家的根本法度。我从前愤怒，自己认为合乎道理是没有疑问的，等听了魏征所议论的，才觉得很不符合道理。做君主的说出话，怎么能够轻易随便呢！』于是把房玄龄等人招来深刻地进行了责备，赐给魏征绢帛一千匹。

**评点**

对于社会管理者来说，私情与公益始终是一对难以恰当处理的矛盾。中国封建社会虽然是『家天下』，但这一问题同样存在。唐太宗能够幡然醒悟，意识到『私爱』与『国家大法』之间的关系，并合理处理二者之间的关系。这大概就是唐太宗为什么能够成为一代英主，贞观年间为什么能够成为『盛世』的重要原因之一吧！

贞观十一年，所司奏凌敬乞贷①之状，太宗责侍中魏征等滥进人。征曰：『臣等每蒙顾问，常具言其长短。有学识，强谏诤，是其所长；爱生活，好经营，是其所短。今凌敬为人作碑文，教人读《汉书》，因兹附托②，回易③求利，与臣等所说不同。陛下未用其长，惟见其短，以为臣等欺罔，实不敢心伏。』太宗纳之。

**注释** ①乞贷：求讨，求借。《史记·孔子世家》中说：『游说乞贷，不可以为国。』②附托：假借，凭借。③回易：交易。

**译文** 贞观十一年（637年），有关部门向唐太宗陈奏凌敬请求借贷的情况，唐太宗责备侍中魏征等人滥举荐人。魏征说：『我们每次被您咨询，经常都是把被询问人的长处和短处都告诉您。有学问见识，敢于直言诤谏，是凌敬的长处；爱好为生计奔忙，喜欢筹划经营，这是他的短处。如今凌敬替别人写碑文，教别人读《汉书》，以此作为凭借，和别人交易获取利益，这和我们所说的不同。陛下您没有用他的长处，只看到他的短处，认为我们欺君罔上，实在是不能心服。』唐太宗听从了这些话。

**评点** 『尺有所短，寸有所长。』任用人才就应当扬长避短。对于凌敬来说，『有学识，强谏诤』是他的长处，『爱生活，好经营』是他的短处。唐太宗却拿着一个人的短处来责备举荐的人，这是不符合举用人才之道的。因此正如戈直所说：『当初如果不是魏征的劝谏，唐太宗好贤的意志就要抛弃了。』





贞观十二年，太宗谓魏征曰：『比来所行得失政化，何如往前？』对曰：『若恩威所加，远夷朝贡，比于贞观之始，不可等级而言。若德义潜通，民心悦服，比于贞观之初，相去又甚远。』太宗曰：『远夷来服，应由德义所加。往前功业，何因益大？』征曰：『昔者四方未定，常以德义为心。旋①以海内无虞，渐加骄奢自溢。所以功业虽盛，终不如往初。』太宗又曰：『所行比往前何为异？』征曰：『贞观之初，恐人不言，导之使谏。三年已后，见人谏，悦而从之。一二年来，不悦人谏，虽黾勉②听受，而意终不平，谅③有难色。』太宗曰：『于何事如此？』对曰：『即位之初，处元律师死罪，孙伏伽谏曰：「法不至死，无容滥加酷罚。」遂赐以兰陵公主园，直④钱百万。人或曰：「所言乃常事，而所赏太厚。」答曰：「我即位来，未有谏者，所以赏之。」此导之使言也。徐州司户柳雄于隋资妄加阶级⑤。人有告之者，陛下令其自首，不首与罪。遂固言是实，竟不肯首。大理推得其伪⑥，将处雄死罪，少卿戴胄奏法止合徒⑦。陛下曰：「我已与其断当⑧讫，但当与死罪。」胄曰：「陛下既不然，即付臣法司。罪不合死，不可酷滥⑨。」陛下作色遣杀，胄执之不已，至于四五，然后赦之。乃谓法司曰：「但能为我如此守法，岂畏滥有诛夷⑩。」此则悦以从谏也。往年陕县丞皇甫德参上书，大忤圣旨，陛下以为讪谤。臣奏称上书不激切，不能起人主意，激切即似讪谤。于时虽从臣言，赏物二十段，意甚不平，难于受谏也。』太宗曰：『诚如公言，非公无能道此者。人皆苦不自觉，公向未道时，都自谓所行不变。及见公论说，过失堪惊。公但存此心，朕终不违公语。』

**注释**

①旋：不久，逐渐。②黾勉：勉强。③谅：固执，坚持己见。④直：同『值』。⑤阶级：尊卑上下的等级。⑥大理：掌刑法的官。推：审问，推究。伪：诈伪，非法。⑦徒：古代刑罚名，拘禁罪犯使服劳役。⑧断当：裁定，商订。⑨酷滥：残酷无度。⑩诛夷：诛杀，杀戮。

**译文**

贞观十二年（638年），唐太宗对魏征说：『近来行为的得失与政治教化效果，与以前比起来怎么样？』魏征回答：『若论恩泽和威势之所施及，远方的民族来朝进贡，贞观初年与之比起来，是不能相提并论的。若论德行道义与民众暗中相通，老百姓心悦诚服，同贞观初年比起来，则又相差很远。』唐太宗说：『远方的民族前来归服，应当是因为德行道义所施及的结果。以前的功业，为什么更大？』魏征说：『当初四方还没有平定，往往以德行道义为宗旨。不久因为国家忧患的消除，逐渐变得骄傲自满。所以功业虽然更高了，德行道义终究是不如从前了。』唐太宗又说：『行为上与以前比起来有什么不同？』魏征说：『贞观初年，恐怕别人不进言，引导大家让他们进谏。三年之后，见有人来劝谏，很高兴地听从建议。最近一二年来，不高兴有人前来劝谏，虽然勉强听从接受，但心里终究有了不平之意，坚持己见而面有难色。』唐太宗说：『在哪件事上这样了？』魏征回答说：『您即位之初的时候，处以元律师死罪，孙伏伽劝谏说：『按照法律他的罪不至于处死，不能容许滥施酷刑。』您于是把兰陵公主的园子赐给了他，价值百万钱。有人



说：『孙伏伽所说的是平常事，可是您所赏赐的太丰厚。』您回答说：『我即位以来，没有人来进谏，所以才赏赐他。』这是引导大家使大家进谏。徐州司户柳雄对于隋朝留下的人妄自加以区分等级。有人告发了他，陛下让他自首请罪，不自首就对他进行惩罚。柳雄坚持说自己依据事实办理，竟然不肯自首。大理卿查究出他的违法事实，将要判处柳雄死罪，少卿戴胄陈奏说根据法律只应当判处徒刑。陛下说：『我已经对他这件事裁决完毕，应当给他死罪。』戴胄说：『陛下既然认为我说得不对，马上把我送到司法衙门。罪不当死，用法不能残酷无度。』陛下变了脸色派人去杀柳雄，戴胄坚持不停苦劝，以至于劝谏四五次，最后赦免了他。于是您对司法衙门说：『只要能为我这样坚持法度，难道还怕发生滥行杀戮吗？』这是高兴听从劝谏。前几年陕县县丞皇甫德参上书，严重地违背了您的意旨，陛下认为他毁谤。我上奏说给皇帝上书如果不激烈恳切，就不能打动帝王的内心。言辞激烈恳切就好像是毁谤一样。那时候您虽然听从了我的话，赏给我二十段绢帛，但心里有不平之意，这是难以接受劝谏。』唐太宗说：『的确像你说的，除了你没有能说出这些话的人。人都是苦于不能自我察觉问题，你先前没有说出的时候，我都是认为自己的行为没有改变。等听到你的分析阐述，才发觉我的过失非常惊人。你只要保持这样的心意，我最终也不会违背你这些话。』

**评点**

善始容易，善终难，必须有很强的毅力。接受别人的建议是这样，做其他事情也是这样。所以《周易》强调：『天行健，君子以自强不息。』即做君子就必须效法天的刚健运行，自始至终自强不息。正像《大学》引商汤盘铭中说的话：『苟日新，日日新，又日新』，如果能够使自己每天更新，那就要做到每天都有更新，坚持不断地天天都有更新。